En esto creemos

Guía de estudio

Creencias de los Adventistas del Séptimo Día

2017

Unión Venezolana Oriental

En esto creemos

Guía de estudio

Creencias de los Adventistas del Séptimo Día

Autor:

Moisés Prieto Sierra
moisesprietospr@hotmail.com

TABLA DE CONTENIDO

INTRODUCCIÓN 5

LA DOCTRINA DE DIOS 8

    Capítulo # 1: La Palabra de Dios 9
    Capítulo # 2: La Deidad 12
    Capítulo # 3: Dios el Padre... 15
    Capítulo # 4: Dios el Hijo 18
    Capítulo # 5: Dios el Espíritu Santo 21

LA DOCTRINA DEL HOMBRE 24

    Capítulo # 6: La Creación 25
    Capítulo # 7: La naturaleza humana............................ 28

LA DOCTRINA DE LA SALVACIÓN 32

    Capítulo # 8: El gran conflicto 33
    Capítulo # 9: La vida, muerte y resurrección de Cristo 36
    Capítulo # 10: La experiencia de la salvación............. 39

LA DOCTRINA DEL HOMBRE 42

    Capítulo # 11: Crecer en Cristo.................................... 43
    Capítulo # 12: La Iglesia 46
    Capítulo # 13: El Remanente y su misión 49
    Capítulo # 14: La unidad en el cuerpo de Cristo......... 52
    Capítulo # 15: El Bautismo 55
    Capítulo # 16: La Cena del Señor 58
    Capítulo # 17: Los dones y ministerios espirituales 61
    Capítulo # 18: El don de profecía 64

LA DOCTRINA DE LA VIDA CRISTIANA 67

- Capítulo # 19: La Ley de Dios 68
- Capítulo # 20: El Sábado 71
- Capítulo # 21: La Mayordomía 74
- Capítulo # 22: La Conducta Cristiana 77
- Capítulo # 23: El matrimonio y la familia 80

LA DOCTRINA DE LOS ACONTECIMIENTOS FINALES 83

- Capítulo # 24: El Ministerio de Cristo en el Santuario celestial . 84
- Capítulo # 25: La segunda venida de Cristo 87
- Capítulo # 26: La muerte y la resurrección 90
- Capítulo # 27: El milenio y el fin del pecado 93
- Capítulo # 28: La Tierra Nueva 96

INTRODUCCIÓN

El estudio de las creencias fundamentales de la Iglesia Adventista del Séptimo Día, será fundamental durante este quinquenio. El mismo forma parte del plan de "Señor, Transfórmame" de la División Interamericana. Entre enero 2017 y abril del 2019, se estudiará mensualmente una creencia. Se busca que cada miembro de iglesia, "**sea transformado y viva**"; se prepare y se nutra para internalizar las verdades de la palabra de Dios, como también esté firme para mantenerse en pie, y defender la verdad en cualquier circunstancia. El apóstol Pedro lo recuerda: Pero vosotros "…estad siempre preparados para presentar defensa con mansedumbre y reverencia ante todo el que os demande razón de la esperanza que hay en vosotros" (1 Ped. 3:15).

El pastor James Cress, cita el preámbulo a la declaración de las creencias fundamentales del resumen realizado en el año 2000, donde se expresa lo siguiente: "Los Adventistas del Séptimo Día aceptamos la Biblia como nuestro único credo y sostenemos una serie de creencias fundamentales basadas en las enseñanzas de la Sagradas Escrituras. Estas creencias, tal como se presentan aquí, constituyen la forma como la iglesia comprende y expresa las enseñanzas de la Escritura. Se pueden revisar estas declaraciones en un congreso de la Asociación General, si el Espíritu Santo lleva a la iglesia a una comprensión más plena de la verdad de la verdad bíblica o encuentra un lenguaje mejor para expresar las enseñanzas de la Santa Palabra de Dios". (*Creencias de los Adventistas del Séptimo Día (Miami, FL: Asociación Publicadora Interamericana, 2007), 5-6*).

Tomando en consideración algunos propósitos prácticos para el estudio de estas creencias, hemos preparado esta guía para ayudar a la feligresía de nuestra unión, a tener un encuentro con la Palabra de Dios. La colocamos en tus manos, esperando sea de bendición y orientación, en el estudio del libro de las *Creencias de los Adventistas del Séptimo Día*.

¿Cómo puedes usar esta guía de estudio?

- En los servicios regulares de predicación (miércoles y/o domingos) en el templo. Se espera que la feligresía estudie regularmente cada mes, el capítulo correspondiente a cada creencia, logrando una enseñanza dinámica, pedagógica y Cristo céntrica.

- En los grupos pequeños las veces que sea necesario. De esa manera se puede despertar el deseo de conocer, estudiar e internalizar todo lo concerniente a las enseñanzas de la Biblia.

- En un seminario de instrucción o curso sobre "Creencias fundamentales de la Biblia", o en una clase como asignación de capítulos a los participantes. También puede desarrollarse en seminarios durante varias semanas, o en algunas clases bíblicas programadas.

- En un plan de clases post bautismales. Será muy importante el estudio de las creencias bíblicas para los nuevos miembros, ya que de esa manera los preparamos y consolidamos como discípulos sólidos en la fe.

- Como una guía devocional personal, para estudiar con profundidad las creencias fundamentales.

Elena White señala, que hay que confirmar y retener a los nuevos conversos y fijarlos en la verdad. "Después de haber realizado en un lugar los primeros esfuerzos en favor de la verdad por medio de una serie de conferencias, una segunda serie en realidad sería más necesaria que la primera. La verdad resulta algo nueva y asombrosa, de manera que la gente necesita que se la vuelva a presentar con el fin de captar los conceptos con claridad y de fijar las ideas en la mente". *Elena G de White, El evangelismo, (Miami, FL: Asociación Publicadora Interamericana, 1994), 246.*

Y finalmente, esta guía puede usarse de todas las formas como el Espíritu Santo le impresione. Hoy es imperante la necesidad de documentarse en la Palabra de Dios para hacer frente a cualquier viento de doctrina. Volvamos nosotros y volvamos al pueblo, al estudio de las Sagradas Escrituras. Dejemos que el poder de Dios que está en Su palabra nos nutra, para que disminuya en nuestras vidas el analfabetismo bíblico.

Hoy se presenta ante nuestras vidas la gran oportunidad para profundizar en el estudio de la Biblia. Llegó el momento de ser transformados, para vivir en la gracia y el conocimiento de Dios. El encomio del apóstol también nos alcanza. "Pero vosotros, amados, edificándoos sobre vuestra santísima fe, orando en el Espíritu Santo, conservaos en el amor de Dios, esperando la misericordia de nuestro Señor Jesucristo para vida eterna". (Jud. 1:20-21).

Que nada te detenga en el estudio de la Palabra de Dios.

VAMOS POR MÁS.

Pr Moisés Prieto

Coordinador de "Señor, Transfórmame"

Unión Venezolana Oriental

LA DOCTRINA DE DIOS

La palabra de Dios

La Deidad

Dios el Padre

Dios el Hijo

Dios el Espíritu Santo

La Palabra de Dios

Las Sagradas Escrituras, compuestas por Antiguo Testamento (AT) y Nuevo Testamento (NT), son la Palabra de Dios escrita, transmitida por inspiración divina mediante santos hombres de Dios que hablaron y escribieron impulsados por el Espíritu Santo (2 Ped. 1:20-21). "Por medio de esta Palabra, Dios comunica a los seres humanos el conocimiento necesario para alcanzar la salvación. Las Sagradas Escrituras son la infalible revelación de la voluntad divina. Son la norma del carácter, el criterio para evaluar la experiencia, la revelación autorizada de las doctrinas, y un registro fidedigno de los actos de Dios realizados en el curso de la historia". *(Creencias de los Adventistas del Séptimo Día, pág.11).*

> **Textos claves**: (2 Ped. 1:20,21; 2 Tim. 3:16,17; Sal. 119:105; Prov. 30:5, 6; Isa. 8:20; Jn. 17:17; 1 Tes. 2:13; Heb. 4:12).

Ningún libro ha sido tan amado, tan odiado, tan reverenciado, tan condenado como la Biblia […] Personas de diversos puntos de vista: desde teólogos de la liberación hasta capitalistas; de fascistas a marxistas, de dictadores a libertadores, de pacificadores a militaristas, buscan en sus páginas las palabras con las cuales justificar sus acciones.

La exclusividad de la Biblia no viene de su influencia política, cultural y social inigualable, sino de su origen y de los temas que trata. Es la revelación del único Dios-hombre: el Hijo de Dios, Jesucristo, el Salvador del mundo". *Creencias…pág.11.*

La revelación divina

1. ¿En qué formas se ha revelado Dios?

   Revelación general: (Sal. 19:1; Rom. 1:20). _____
   _____

   Revelación especial: (Heb. 1:1-2; Jn. 17:3)._____
   _____

El foco de las Escrituras

2. Indique cómo la Biblia revela a Dios y expone la humanidad.

   El AT presenta a Jesús como _____

   El NT revela a Jesús como _____

El origen de las Escrituras

3. Escriba dos textos que indiquen claramente que la Biblia tiene su origen en Dios. _____
_____

4. Escriba dos textos que indiquen al Espíritu Santo como fuente de inspiración de las Escrituras. _____
_____

La inspiración de las Escrituras

5. ¿Cómo comunicó Dios sus verdades? (2 Tim. 3:16).
_____
_____

"No son las palabras de la Biblia las inspiradas, sino los hombres son los que fueron inspirados. La inspiración no obra en las palabras del hombre ni en sus expresiones, sino en el hombre mismo, que está imbuido con pensamientos bajo la influencia del Espíritu Santo". *Elena G. de White Mensajes selectos (Nampa ID: Pacific Press Publishing Association, 1971), 1: 24.*

6. ¿Cuál fue el proceso de inspiración? (2 Ped.1:21).

_____
_____

7 ¿De qué formas y maneras Dios se reveló a los hombres? (Núm. 12:6; 1 Sam. 9:15; Zac. 4; 2 Cor. 12:1-4; Apoc. 4:1-2).

_____
_____

La Biblia, es la verdad divina expresada en el idioma humano.

La autoridad de las Escrituras

8. Mencione tres evidencias bíblicas sobre la autoridad de las Escrituras (Ezeq. 2:4; Mat.4:4; 1 Cor. 1:18)._____
_____
_____
_____

> "Las Sagradas Escrituras y el Espíritu Santo nunca pueden estar separados. El Espíritu Santo es tanto el autor como el revelador de las verdades bíblicas". *(Creencias...pág.20)*.

La unidad de las Escrituras

9. Explique qué relación existe entre el AT y el NT en las Escrituras, y cuál es la aplicación para nuestras vidas (2 Tim.3:16-17)._____
_____

Para meditar y aplicar

- ¿Cuál es tu plan personal para el estudio de la Biblia? ¿Cómo puedes mejorar tu devoción personal?
- ¿Qué cambios has experimentado en tu vida con la lectura de la Biblia?
- ¿De qué maneras estás compartiendo la Biblia con otros?

La Deidad

Hay un solo Dios: Padre, Hijo y Espíritu Santo, una unidad de tres personas coeternas. Dios es inmortal, todopoderoso, omnisapiente, superior a todos y omnipresente. Es infinito y escapa a la comprensión humana, aunque se lo puede conocer por medio de su autorrevelación. Es digno para siempre de reverencia, adoración y servicio por parte de toda la creación". *(Creencias de los Adventistas del Séptimo Día, pág.23).*

> **Textos claves**: (Deut. 6:4; Mat. 28:19; 2 Cor. 13:14; Efe. 4:4-6; 1 Ped. 1:2; 1 Tim. 1:17; Apoc. 14:7).

El conocimiento de Dios

1. ¿Cómo podemos conocer a Dios? (Deut. 6:5; Jn. 17:2; Mat. 5:8).

_____
_____
_____

> "Debemos abrirnos a la influencia del Espíritu Santo, y estar dispuestos a cumplir la voluntad de Dios". *Creencias...pág.24.*

2. ¿Por qué tantos de los contemporáneos de Jesús no lograron distinguir la revelación que Dios hizo de sí mismo en Jesús?

_____
_____
_____

La existencia de Dios

3. Estudia las dos más grandes evidencias relativas de la existencia de Dios:

    Evidencias de la creación: (Sal. 19:1; Rom. 1:20). _____

    Evidencias de la Escritura: (Gén. 1:1; Sal.24:1)._____

> "La Biblia no procura comprobar la existencia de Dios; simplemente, la da por sentada". *Creencias... pág.* 25

4. ¿Qué sucede cuando una mente rehúsa reconocer la evidencia de la existencia de Dios? (Sal. 14:1; Rom. 1:18-22, 28)._____

_____

El Dios de las Escrituras

5. Organice las cualidades esenciales de Dios y su significado a través de sus nombres.

Nombres de Dios	Significado

6. ¿Cuáles son algunas de las actividades de Dios? (Gén. 1:1; Sal. 24:1, 2; Deut. 5:6; 2 Cor. 5:19; Éxo. 34:7)_____

_____

7. ¿Cuáles son los atributos de Dios? (Jn. 5:26; Sal. 33:11; 139:7-12; Heb. 4:13; Mal. 3:6; Sant. 1:17)._____

_____

La soberanía de Dios

8. "La Biblia revela que Dios ejerce pleno control sobre el mundo". (Dan. 4:35; Apoc. 4:11; Sal. 135:6; 1Tim. 2:4; 2 Ped. 3:9). Según estos versículos, analiza la relación existente entre la soberanía de Dios y la libertad humana. _____

_____

La dinámica de la Deidad

9. La palabra trinidad no aparece en la Biblia, pero hay muchos textos que confirman que existe un Dios triuno. Explica la pluralidad que existe entre la Deidad y la relación que existe entre ellos. (Gén. 1:26; 3:22; 11:7; Jn. caps 3-5). _____

_____

_____

> "No hay distancia entre las personas del Dios triuno. Todas son divinas, y sin embargo comparten sus cualidades y poderes divinos". *Creencias… pág. 31.*

Enfoque de la Salvación

10. ¿De qué manera Cristo Jesús nos une con la Deidad? (Jn. 14:6; 1 Cor 1:30). _____

_____

Para meditar y aplicar

- Dios vive siempre en comunidad ¿Cómo la unidad en la diversidad nos ayuda en nuestra vida diaria?
- ¿Cómo responderías a quienes dicen que la trinidad no existe?
- ¿Qué plan tienes para compartir a otros del amor de Dios?

Dios el Padre

"Dios, el Padre Eterno es el Creador, Originador, Sustentador y Soberano de toda la creación. Es justo y santo, misericordioso y clemente, tardo en airarse y abundante en amor y fidelidad. Las cualidades y las facultades del Padre se manifiestan también en el Hijo y en el Espíritu Santo" *(Creencias de los Adventistas del Séptimo Día, pág.34).*

Textos claves: (Gén. 1:1; Apoc. 4:11; 1 Cor. 15:28; Jn. 3:16; 1 Jn. 4:8; 1 Tim. 1:17; Éxo. 34:6, 7; Jn. 14:9).

Conceptos acerca del Padre

1. ¿Cuál es el concepto que mucha gente tiene de Dios el Padre? (Mat. 5:38-41; Éxo. 21:24). _____
_____
_____

Dios el Padre en el Antiguo Testamento

2. Repasa y comparte las muchas maneras como Dios se muestra en el Antiguo Testamento.

Un Dios de misericordia (Éx.34:6-7; 25:8)._____

El Dios del pacto (Gén. 9:1-17; 12:1-3,7; 15:5-7)._____

El Dios Redentor (Éx. 12:37-42; Sal. 8:3-4)._____

Un Dios de refugio (Sal. 46:1; 62:8)._____

Un Dios perdonador (Sal. 51:1; 103:11-14)._____

Un Dios de bondad (Sal. 146:7-9)._____

Un Dios de fidelidad (Lev. 26; Deut.28; Isa. 41:9-10)._____

Un Dios de salvación y venganza (Isa. 35:4)._____

Un Dios paternal (Isa.64:8; Mal. 2:10)._____

> "Dios no es una persona distante y desconectada, que no se interesa por nosotros; por el contrario, se halla íntimamente involucrado en nuestros asuntos". *Creencias... pág. 36.*

Dios el Padre en el Nuevo Testamento

3. Repasa las diferentes formas como Dios el Padre se presenta en el NT y cómo guardan relación con el Padre del AT.

El Padre de toda la creación (1 Cor. 8:6; Efe. 3:14-15). _____

_____

El Padre de todos los creyentes (Mat. 5:45; 6:6-15). _____

_____

Jesús revela al Padre (Jn. 1:1; 14:9). _____

_____

4. Reafirma con textos bíblicos los tres principales acontecimientos que muestran a un Dios generoso con la raza humana.

- ✓ La creación _____
- ✓ En Belén _____
- ✓ En el Calvario _____

5. Estudie las diversas ocasiones en las cuales Jesús reveló el amor de su Padre Dios. (Jn 1:1,14, 18; 6:38; 14:9). _____

_____

_____

6. ¿Cuáles son las tres parábolas de Cristo que describen la preocupación amorosa que Dios siente por sus hijos?

_____

_____

_____

"Con un corazón anhelante, el Padre anticipa la Segunda Venida, cuando los redimidos sean finalmente llevados a su hogar eterno. Entonces se verá que su acto de enviar "a su Hijo unigénito al mundo para que vivamos por él" (1 Jn. 4:9) claramente no habrá sido en vano". *Creencias… pág. 39.*

Para meditar y aplicar

- Comparte cómo has experimentado la misericordia de Dios en tu vida.
- Basado en lo estudiado ¿En qué difiere el Dios del AT con el Dios del NT?
- ¿Cómo responderías a quienes argumentan que el Dios del AT es un Dios vengativo?
- En tu vida práctica ¿De qué maneras puedes compartir el amor de Dios, con tus vecinos, familia, compañeros de estudio o de trabajo?
- Ora con otra persona y agradece a Dios por lo que ha hecho en tu vida.

Dios el Hijo

Dios el Hijo Eterno se encarnó en Jesucristo. Por medio de él se crearon todas las cosas, se reveló el carácter de Dios, se llevó a cabo la salvación de la humanidad y se juzga al mundo. Aunque es Dios verdadero y eterno, llegó a ser también verdaderamente hombre. Jesús el Cristo, fue concebido por el Espíritu Santo y nació de la virgen María. Vivió y experimentó la tentación como ser humano, pero ejemplificó perfectamente la justicia y el amor de Dios. Mediante sus milagros manifestó el poder de Dios y éstos dieron testimonio de que era el prometido Mesías de Dios. Sufrió y murió voluntariamente en la cruz por nuestros pecados y en nuestro lugar; resucitó de entre los muertos y ascendió para ministrar en el Santuario celestial en favor de nosotros. Volverá otra vez en gloria para librar definitivamente a su pueblo y restaurar todas las cosas". *(Creencias de los Adventistas del Séptimo Día, pág.41).*

> **Textos claves**: (Jn. 1:1-3,14; Col. 1:15-19; Jn. 10:30; 14:9; Rom. 6:23; 2 Cor. 5:17-19; Jn. 5:22; Luc. 1:35; Fil. 2:5-11; Heb. 2:9-18; 1 Cor. 15:3,4; Heb. 8:1,2; Jn. 14:1-3).

La encarnación: Predicciones y cumplimiento

1. ¿Qué plan desarrolló Dios para rescatar a la raza humana? (Jn. 3:16; 1 Ped. 1:19-20; 3:18; Gén. 3:15). _____
_____
_____

2. Explique el proceso del sacrificio de animales por el pecado. Gén. 4:4; Éxo.25:8-9,40; Lev. 1; Heb. 9:22)._____
_____
_____

3. ¿Qué significa Emanuel, o "Dios con nosotros" (Mat. 1:21-23).

_____

_____

4. Estudia y explica la profecía de Daniel, respecto al tiempo exacto del cumplimiento del comienzo del ministerio de Cristo, así como su muerte. (Dan. 9:24-27; Núm. 14:34; Ezeq. 4:6; Esdras 7:8,12-26; 9:9; Luc. 3:21-22; Mat. 3:17; 4:17; 27:51).

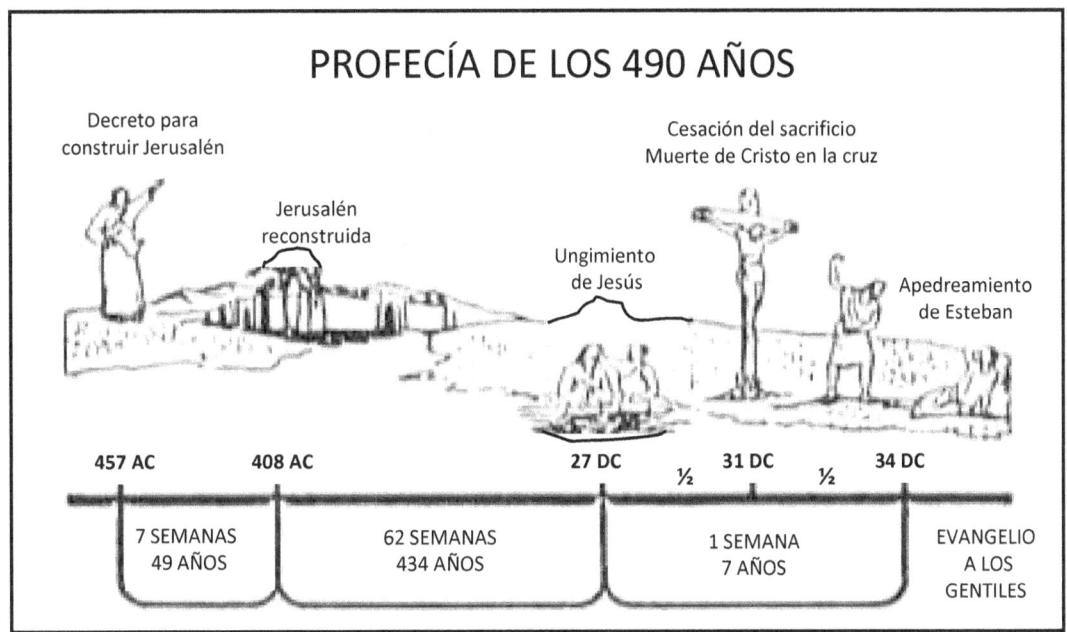

Las dos naturalezas de Jesucristo

5. ¿Qué evidencias tenemos de que Jesucristo es divino? Explique (Mat. 28:18-20; Mar. 1:24; Jn. 10:30; 11:25; 14:9; 17:1-2; Col. 1:16; 2:3; Fil. 2:10-11)._____

_____

> "Cristo, el Verbo, el Unigénito de Dios, era uno solo con el Padre eterno, uno solo en naturaleza, en carácter y en propósitos". *Elena G. de White, Patriarcas y profetas (Miami, FL: Asociación Publicadora Interamericana, 2008), pág. 12.*

6. ¿Qué evidencias tenemos de que Jesucristo es humano? Explique (Mat. 1:1,20-23; Luc. 2:40,52; Jn. 11:35; 1 Tim. 2:5; Heb, 2:17; 4:15; 1 Ped. 2:21)._____

_____

La unión de las dos naturalezas

7. Explica cómo en Cristo Jesús se funden las naturaleza humana y la naturaleza divina. (Gál. 4:4; Fil. 2:6-7; Rom 8:3; Col.2:9; Apoc. 3:21)._____

_____

_____

> "La naturaleza divino-humana combinada hace que el sacrificio expiatorio de Cristo sea efectivo. La vida de un ser humano sin pecado, o aun la de un ángel, no podía expiar los pecados de la raza humana. Únicamente el Creador divino–humano podía rescatar a la humanidad". *Creencias... pág. 59.*

Los oficios de Cristo Jesús

8. Jesús debía cumplir tres cargos principales en favor de la raza humana. Estudia y comparte.

- ✓ Cristo como Profeta (Deut. 18:18; Luc. 13:13; Mat. 24).
- ✓ Cristo como Sacerdote (Sal.110:4; Zac. 6:13; Heb. 8:1-2; Rom. 8:4).
- ✓ Cristo como Rey (Sal.103:19; 45:6; Jer. 23:5-6; Luc. 1:33; Jn. 19:2-3; Apoc. 20:21).

Para meditar y aplicar

- ➢ ¿Quién es Jesucristo para tu vida? ¿Es solo una teoría o lo manifiestas diariamente en tu vida?
- ➢ ¿Cómo respondes a quienes dicen que Jesús es un ser creado?
- ➢ ¿De qué maneras puedes prepararte diariamente para esperar su segunda venida?

Dios el Espíritu Santo

Dios el Espíritu Eterno desempeñó una parte activa con el Padre y el Hijo en la creación, la encarnación y la redención. Inspiró a los autores de las Escrituras. Infundió poder a la vida de Cristo. Atrae y convence a los seres humanos, y renueva a los que responden y los transforma a la imagen de Dios. Enviado por el Padre y el Hijo para estar siempre con sus hijos, concede dones espirituales a la iglesia, la capacita para dar testimonio en favor de Cristo y, en armonía con las Escrituras, la guía a toda la verdad". *(Creencias de los Adventistas del Séptimo Día, pág.67).*

> **Textos claves**: (Gén. 1:1,2; Luc. 1:35; 4:18; Hech. 10:38; 2 Ped. 1:21; 2 Cor. 3:18; Efe. 4:11, 12; *Hech. 1:8; Jn. 14:16-18, 26; 15:26, 27: 16:7-13).*

¿Quién es el Espíritu Santo?

1. El Espíritu Santo es una persona y no una fuerza interpersonal. ¿Cuáles son los rasgos de su personalidad?

(Gen. 6:3) _____

(Luc. 12:12) _____

(Jn. 16:8) _____

(Hech. 13:2) _____

(Rom. 8:26) _____

(1 Ped. 1:2) _____

(2 Ped. 1:21) _____

> "Esas actividades no pueden ser realizadas por un mero poder, una influencia o un atributo de Dios. Solamente una persona puede llevarlas a cabo". *Creencias... pág. 68.*

El Espíritu Santo es verdaderamente Dios

2. ¿Cuáles son sus atributos divinos? (Mat. 12:31-32; 29:19; Jn 14:16; Efe. 4:30; 1 Cor. 12:11; 2:10-11). _____

_____

El Espíritu Santo y la Deidad

3. ¿Explique el papel activo del Espíritu Santo en la Deidad? (Luc. 1:35; Mat. 1:18-20; 3:16-17; Gén. 1:2). _____

_____

El Espíritu prometido

4. ¿Cuál es la participación del Espíritu Santo para con los seres humanos? (1 Cor. 3:16; Núm. 24:2; Jue. 6:34; Joel 2:28; Jn 14:16-17; Hech. 1:8; 2 Cor. 13:13) _____

_____

_____

> "Jesús fue la primera persona que experimento la plenitud del Espíritu Santo. Es una verdad asombrosa que nuestro Dios está dispuesto a derramar su Espíritu sobre todos los que lo desean anhelantes". *Creencias… pág. 71.*

La misión del Espíritu Santo

5. ¿Qué aspectos de su misión deben ser consideradas?

    El origen de su misión (Jn. 14:16; 16; 7). _____

    Su misión en el mundo (Jn. 16:8-9; 3:5). _____

    Su misión en favor de los creyentes (1 Ped. 1:2). _____

6. ¿Qué hace el Espíritu Santo en favor de los creyentes? Estudia y comparte.

- ✓ Ayuda a los creyentes (Jn. 14:16; 1 Jn. 2:1).
- ✓ Nos trae la verdad de Cristo (Jn. 15:26; 16:13-14).
- ✓ Trae la presencia de Cristo (Jn. 16:7; Fil. 1:19).
- ✓ Guía la obra de la iglesia (Hech. 13. 1-4; 13:52; 15:28).
- ✓ Equipa a la iglesia con dones especiales (Núm 11:17; Hech. 2:38; 2 Cor. 12:7-11).
- ✓ Llena el corazón de los creyentes (Hech. 19:2; Efe. 5:18).

"El Espíritu es vital. Todos los cambios que Jesucristo efectúa en nosotros vienen por medio del ministerio del Espíritu. Como creyentes, debiéramos estar constantemente conscientes de que sin el Espíritu no podemos lograr nada (Jn. 15:5)". *Creencias… pág. 75.*

Para meditar y aplicar

- ➢ ¿Es el Espíritu Santo una realidad en tu vida?
- ➢ ¿Cuánto de Su fruto expresado en Gál. 5:22-25 estás experimentado diariamente?
- ➢ ¿Qué prácticas o situaciones están impidiendo que el Espíritu Santo te renueve y te transforme?
- ➢ Si alguien te dice que el Espíritu Santo y Jesús son la misma persona ¿Qué le responderías?
- ➢ Ora y reclama la presencia completa del Espíritu Santo en tu vida (Jn. 3: 34). Pedir una porción del Espíritu Santo no es correcto.

LA DOCTRINA DEL HOMBRE

La creación

La naturaleza humana

La creación

Dios es el Creador de todas las cosas, y reveló en las Escrituras el relato auténtico de su actividad creadora. El Señor hizo en seis días "los cielos y la tierra" y todo ser viviente que la habita, y reposó en el séptimo día de esa primera semana. De ese modo estableció el sábado como un monumento perpetuo conmemorativo de la terminación de su obra creadora. Hizo al primer hombre y la primera mujer a su imagen como corona de la creación, y les dio dominio sobre el mundo y la responsabilidad de cuidar de él. Cuando el mundo quedó terminado era "bueno en gran manera", proclamando la gloria de Dios". *(Creencias de los Adventistas del Séptimo Día, pág.76).*

Textos claves: (Gén. Cap 1-2; Éxo. 20:8-11; Sal. 19:1-6; 33:6, 9; 104; Heb. 11:3).

La palabra creadora de Dios

1. Cada mandato de Dios, estuvo cargado de energía creadora que transformó al planeta ¿Cómo actúa la palabra creadora de Dios? (Sal. 33:6; Heb. 11:3; Gén. 2: 7, 19, 22)._____

El relato de la creación

2. ¿Son literales los días de la creación o representan grandes periodos? Gén. 1:1-2:25). _____

3. ¿Qué relación tiene Lev. 23:32; Deut. 16:6; Éxo. 20:8-11 con el relato de la creación de Gén. 1-2 ? _____

> "Los que consideran que los días de la creación representan miles de años, o enormes periodos indefinidos de millones o aun miles de millones de años, niegan la validez de la Palabra de Dios, tal como la serpiente tentó a Eva a que lo hiciera". *Creencias... pág. 79.*

El Dios de la creación

4. Dios es responsable con todo lo que creó. El preparó un ambiente perfecto para el ser humano. Describa cuán grande es su amor como creador. (Jn. 1:1-3; Efe. 3:9; Sal. 24:1-2). _____
_____
_____

El propósito de la creación

5. Dios creó este mundo y a la raza humana con amor y por amor.
   - ✓ Para revelar la gloria de Dios (Sal. 19:1-4; Rom. 1:20).
   - ✓ Para poblar el mundo (Isa. 45:8; Gén. 1:28; 2:20-24).

El significado de la creación

6. ¿Cuáles son algunas de las implicaciones que tiene la doctrina de la creación?

   (Sal. 95:6-7; Apoc. 14:7). _____
   (Gén. 2:2-3; Eze. 20:20). _____
   Gén. 2:24). _____
   Gén. 2:8, 15). _____
   (Sal. 139:13-16). _____

La obra creadora de Dios continúa

7. ¿De qué forma la obra creadora de Dios sigue actuando en favor del ser humano? (Mat. 8:8; Sal. 147:8-9; Job 26:7-14; Col. 1:17; Hech. 17:28; Apoc. 21:1-7). _____
_____

La creación y la salvación

8. En la creación Dios se deleitó mandando que las cosas aparecieran instantáneamente en seis días. Pero en el proceso de salvar a la raza humana se ha extendido por miles de años. ¿Por qué razones lo hace? (2 Ped. 3:9; Jn. 1:14). _____

_____

> "Fueron las manos divinas y perfectas de Cristo las que le dieron la vida al primer hombre; y son las manos de Cristo, heridas y ensangrentadas, las que le conceden vida eterna a la humanidad. El hombre no solo fue creado; debe también ser re-creado. Ambas creaciones son igualmente la obra de Cristo". *Creencias... pág.* 86.

Para meditar y aplicar

- ¿Cómo podemos reflejar la imagen del Dios amante Creador y Redentor?
- ¿Puedes mostrar a través de la Biblia que somos hechos a imagen de Dios y que no somos producto de la evolución?
- ¿Por qué la creencia de la creación es importante para la teología bíblica y cristiana?
- ¿De qué maneras puedes cuidar y proteger la creación de Dios?

La naturaleza humana

Dios hizo al hombre y la mujer a su imagen, con individualidad propia, y con la facultad y la libertad de pensar y obrar. Aunque los creó como seres libres, cada uno es una unidad indivisible de cuerpo, mente y espíritu, que depende de Dios para la vida, el aliento y todo lo demás. Cuando nuestros primeros padres desobedecieron a Dios, negaron su dependencia de él y cayeron de la elevada posición que ocupaban bajo el gobierno de Dios. La imagen de Dios en ellos se desfiguró y quedaron sujetos a la muerte. Sus descendientes participan de esta naturaleza caída y de sus consecuencias. Nacen con debilidades y tendencias hacia el mal. Pero Dios, en Cristo, reconcilió al mundo consigo mismo y, por medio de su Espíritu Santo, restaura en los mortales penitentes la imagen de su Hacedor. Creados para la gloria de Dios, se los llama a amarlo a él y a amarse mutuamente, y a cuidar del ambiente que los rodea". *(Creencias de los Adventistas del Séptimo Día, pág.87).*

> **Textos claves**: (Gén. 1:26-28; 2:7; Sal. 8:4-8; Hech. 17:24-28; Gén. 3; Sal. 51:5; Rom. 5:12-17; 2 Cor. 5:19,20; Sal. 51:10; 1 Jn. 4:7,8,11,20; Gén. 2:15).

El origen del hombre

1. ¿Qué dice la Biblia respecto a nuestro origen? (Gén. 1:26; 2:7; Luc. 3:38; Hech. 17:26)._____

La unidad de la naturaleza humana

2. ¿Cuáles son las partes características de los seres humanos? (Gén. 2:7; Job 33:4).

_____ + _____ = _____

> El "aliento de vida" no se limita a la gente. Toda criatura viviente lo posee. La Biblia, por ejemplo, atribuye el aliento de vida tanto a los animales que entraron al arca de Noé como a los que no lo hicieron (Gen. 7:15, 22). *Creencias…pág. 90.*

3. ¿Por qué el alma y el espíritu no son lo mismo? (Gén. 2:7; Apoc. 16:3; Sal. 146:3-4; Ecl. 3:19; 12:7; Job 34:14)._____
_____
_____

> "El alma no tiene existencia consciente fuera del cuerpo. No hay texto alguno que indique que el alma sobrevive al cuerpo como una entidad consciente". El término que se usa en hebreo para "alma viviente" o "ser viviente" es *nephesh chayyah*. Y *nephesh* no es una parte de la persona; es la persona. Es la combinación del cuerpo (polvo de la tierra) más espíritu (soplo o aliento de vida). La palabra usada en hebreo para espíritu es *ruach*, el cual abandona al cuerpo *afár*, al morir.
>
> La ecuación divina es:
>
> *afár* +   *ruach* =   *nephesh chayyah*
>
> **Polvo + aliento de vida = alma viviente**.
>
> *Creencias… págs. 89- 94.*

4. ¿Cuál es la relación entre el cuerpo, el alma y el espíritu? (Luc. 1: 46-47; 1 Cor. 7:34; 1 Tes. 5:23)._____
_____
_____
_____

El hombre a imagen de Dios

5. ¿Qué significa que fuimos creados a imagen y semejanza de Dios? (Gén. 1:26). _____
_____
_____

La caída

6. Describa el origen inicial del pecado y cuál fue su impacto. (Ezeq. 28:17; Isa. 14:12-14; Apoc. 12:4, 7-9). _____

_____

_____

7. ¿Cuáles fueron las consecuencias inmediatas y de largo alcance que tuvo el pecado? (Gén. 3; 4:8; Sal. 51:1; Isa. 1:5-6; Rom. 3:23; Jn. 3:16)._____

_____

_____

> "¿Cuán grande es la depravación de la humanidad? En la cruz, los seres humanos asesinaron a su Creador, cometiendo así el parricidio culminante. Pero Dios no ha dejado a la humanidad sin esperanza". *Creencias...pág. 104.*

El pacto de la gracia

8. Estudia las veces que Dios ha ofrecido esperanzas de vida eterna al ser humano.

- ✓ El pacto después de la caída (Gén. 3:15).
- ✓ El pacto dado antes de la creación (Ef. 1:4-6; 1 Ped. 1:19-20).
- ✓ La renovación del pacto (Gén. 22.18; 12:3; 15:6; 18:18).
- ✓ El nuevo pacto (Jer. 31:31-34; Heb. 9:15-22).

9. ¿Cuándo y dónde cumplió Jesús su promesa de ser el fiador de la humanidad en el pacto? (Jn.19:30). _____

_____

_____

"Es inconmensurable lo que ofrece este pacto a los que lo aceptan. Por medio de la gracia de Dios, les ofrece el perdón de sus pecados. Ofrece la obra del Espíritu Santo, quien se compromete a escribir los Diez Mandamientos en el corazón y restaurar en los pecadores arrepentidos la imagen de su Hacedor (Jer. 31:33). La experiencia del nuevo pacto y el nuevo nacimiento trae a nuestra vida la justicia de Cristo y la experiencia de la justificación por la fe. *Creencias…pág. 107*.

Para meditar y aplicar

- ¿Cuánto valor tienes para Dios?
- Basado en lo estudiado ¿Cómo explicas a alguien que el alma no tiene existencia consciente fuera del cuerpo?
- ¿Qué cambios deben ocurrir en tu vida para reflejar la imagen de Dios?
- Ora agradeciendo a Dios por el pacto de gracia y misericordia que ha provisto para tu vida.

LA DOCTRINA DE LA SALVACIÓN

El gran conflicto

Vida, muerte y resurrección de Cristo

La experiencia de la salvación

El gran conflicto

"Toda la humanidad está ahora envuelta en un gran conflicto entre Cristo y Satanás en cuanto al carácter de Dios, su ley y su soberanía sobre el universo. Este conflicto se originó en el cielo cuando un ser creado, dotado de libre albedrío, se exaltó a sí mismo y se convirtió en Satanás, el adversario de Dios, que condujo a la rebelión a una parte de los ángeles. Satanás introdujo el espíritu de rebelión en este mundo cuando indujo a Adán y a Eva a pecar. El pecado humano produjo como resultado la distorsión de la imagen de Dios en la humanidad, el trastorno del mundo creado y, posteriormente, su completa devastación en ocasión del diluvio universal. Observado por toda la creación, este mundo se convirtió en el campo de batalla del conflicto universal, a cuyo término el Dios de amor quedará finalmente vindicado. Para ayudar a su pueblo en este conflicto, Cristo envía al Espíritu Santo y los ángeles leales para guiarlo, protegerlo y sostenerlo en el camino de la salvación". *(Creencias de los Adventistas del Séptimo Día, pág.109).*

> **Textos claves**: (Apoc. 12:4-9; Isa. 14:12-14; Eze. 28:12-18; Gén. 3; Rom 1:19-32; 5:12-21; 8:19-22; Gén. 6:8; 2 Ped. 3:6; 1 Cor. 4:9; Heb. 1:14).

Una visión cósmica del conflicto

1. El misterio de los misterios es que el conflicto entre el bien y el mal comenzó en el cielo. ¿Cómo pudo el pecado originarse en un ambiente perfecto? (Apoc. 5:11; Eze. 28:12, 15,17; Isa. 14:12-14; Apoc. 12:4-9)._____

2. ¿Cómo se vieron implicados los seres humanos? (Gén. 3:1-6) ___

3. Explica el impacto del pecado sobre la raza humana (Gén. 3:15-19; 4:8; 6:5; 7:17-20; Job 1:6-7; 1 Cor. 4:9). _____
_____
_____

> "Las generaciones sucesivas de los descendientes de Abraham fueron infieles al misericordioso pacto divino. Esclavizados por el pecado, colaboraron con Satanás ayudándole a lograr su objetivo en la gran controversia al crucificar a Jesucristo, el Autor y Fiador del pacto". *(Creencias... pág. 111).*

El tema central

4. ¿Cuál es el tema central en esta lucha a vida o muerte?
   - ✓ El gobierno y la ley de Dios (1 Jn.3:4). _____
   - ✓ Cristo y la obediencia (Mat. 4:1-10). _____
   - ✓ Confrontación en el Calvario (Mat. 26:63-64; Jn. 19:7). _____

Controversia acerca de la verdad como es en Jesús

5. ¿Cuál es la pregunta crucial que Jesús hizo a sus discípulos? (Mat. 16:13-17). _____
_____

6. ¿Por qué Cristo es el centro de las doctrinas bíblicas y el foco de las escrituras? (Efe. 4:21; Jn. 14:5-6). _____
_____

El significado de la doctrina

7. ¿Qué batalla formidable afecta a cada persona que nace en el mundo? ¿Cómo podemos protegernos? (Efe. 6:11-18). _____
_____
_____

8. Explica el misterio del sufrimiento y la preocupación actual de Cristo por el mundo (Heb. 1: 9,14; Jn. 14:16; Mat. 28:20).

_____
_____
_____

> Cuando Cristo volvió al cielo, no dejó a su pueblo huérfano. Con gran compasión, nos proveyó todas las ayudas posibles en la batalla contra el mal. Comisionó al Espíritu Santo para que reemplazara a Cristo y fuese nuestro constante compañero hasta que el Salvador volviera. *Creencias…pág. 116.*

Para meditar y aplicar

- ¿Explica cómo se ha desarrollado la batalla cósmica que existe entre Cristo y Satanás?
- ¿Cuáles son las consecuencias del impacto del pecado en la vida espiritual?
- ¿Cómo podemos vencer al enemigo diariamente en la batalla del gran conflicto?
- Ora agradeciendo a Jesús por ser el garante de nuestra salvación.

La vida, muerte y resurrección de Cristo

Mediante la vida de Cristo, de perfecta obediencia a la voluntad de Dios, y en sus sufrimientos, su muerte y su resurrección, Dios proveyó el único medio para expiar el pecado humano, de manera que los que por fe aceptan esta expiación puedan tener vida eterna, y toda la creación pueda comprender mejor el infinito y santo amor del Creador. Esta expiación perfecta vindica la justicia de la ley de Dios y la benignidad de su carácter; porque no solo condena nuestro pecado sino también nos garantiza nuestro perdón. La muerte de Cristo es vicaria y expiatoria, reconciliadora y transformadora. La resurrección de Cristo proclama el triunfo de Dios sobre las fuerzas del mal, y asegura la victoria final sobre el pecado y la muerte a los que aceptan la expiación. Ella declara el señorío de Jesucristo, ante quien se doblará toda rodilla en el Cielo y en la Tierra". *(Creencias de los Adventistas del Séptimo Día, pág.118).*

> **Textos claves**: (Jn. 3:16; Isa. 53; 1 Ped. 2:21,22; 1 Cor. 15:3,4,20-22; 2 Cor. 5:14,15,19-21; Rom. 1:4; 3:25; 4:25; 8:3,4; 1 Jn. 2:2; 4:10; Col. 2:15; Fil 2:6-11).

La gracia salvadora de Dios

1. Estudia cómo Dios tiene una preocupación avasalladora por la salvación de la humanidad (Jn 3:16; 1 Jn 4:8; Jer. 31:3; Gén. 3:15).
_____
_____

2. Si Dios es misericordioso, ¿Por qué no puede perdonar a los que se aferran al pecado? (Jer. 5:3,7; Sal. 7:12; Is. 55:7; 45:22; Heb. 12:29; Rom. 3:23; 6:23). _____
_____
_____

Cristo y el ministerio de la reconciliación

3. ¿Qué significa que Cristo nos haya reconciliado? (2 Cor. 5:19; Rom. 5:10-11; Lev.4:20, 26, 35; 16:15-18, 32-33). _____

_____

_____

El sacrificio expiatorio de Cristo

4. La muerte de Cristo es necesaria para la salvación humana (Jn. 3:36; Rom. 3:25; Isa. 53:5-11). _____

_____

> "El sacrificio expiatorio de Cristo en el Calvario marcó el punto de retorno en la relación entre Dios y la humanidad. A pesar de que hay un registro de los pecados de la gente, como resultado de la reconciliación, Dios no les imputa sus pecados (2 Cor. 5:19)". *Creencias…pág. 122.*

5. ¿Cuál es el papel de la sangre? (1Cor. 15:3; Lev. 17:31; Heb. 9:14; Rom. 3:25). _____

_____

Cristo, el Redentor

6. ¿De qué forma redimió Dios a la raza humana y qué logró su rescate? (Ose. 13:14; Mat. 20:28; Efe. 1:7; Rom. 6:22; Apoc. 5:9-10).

_____

_____

Cristo, el Representante de la humanidad

7. Todo aquel que experimenta el nacimiento espiritual, recibe los beneficios de la vida y sacrificio perfectos de Cristo (1 Cor. 15:22, Heb. 2:9). _____

_____

_____

La vida y la salvación de Cristo

8. ¿Qué puede hacer por nosotros la perfecta vida de Cristo? (Mat. 22:10-11; Isa. 61:10). _____
_____
_____

La resurrección y la salvación de Cristo

9. El ministerio actual de Cristo está arraigado en su muerte y resurrección (1 Cor. 15:14, 17; Heb. 8:1-2). _____
_____

Los resultados del ministerio salvífico de Cristo

10. El ministerio expiatorio de Cristo afecta no solo a la raza humana, sino a todo el universo.

- ✓ Reconciliación en todo el universo (Ef. 3:10; Fil. 2:10-11). ___
- ✓ La vindicación de la ley de Dios (Rom. 8:3-4). _____
- ✓ Justificación (Rom. 5:1). _____
- ✓ La futilidad de la salvación por obras (Efe. 2:8-9). _____
- ✓ Una nueva relación con Dios (Jn 15:1-10). _____
- ✓ Motivación para el servicio misionero (2 Cor. 5:20-21). _____

Para meditar y aplicar

- ➢ ¿Qué importancia tiene el sacrificio de Cristo para tu vida?
- ➢ ¿Cuán seguro estás que has sido reconciliado con Dios?
- ➢ ¿Sientes que Jesús ha perdonado todos tus pecados?

La experiencia de la salvación

Con amor y misericordia infinitos Dios hizo que Cristo, que no conoció pecado, fuera hecho pecado por nosotros, para que nosotros pudiésemos ser hechos justicia de Dios en él. Guiados por el Espíritu Santo sentimos nuestra necesidad, reconocemos nuestra pecaminosidad, nos arrepentimos de nuestras transgresiones, y ejercemos fe en Jesús como Señor y Cristo, como sustituto y ejemplo. Esta fe que acepta la salvación nos llega por medio del poder divino de la Palabra y es un don de la gracia de Dios. Mediante Cristo somos justificados, adoptados como hijos e hijas de Dios y librados del dominio del pecado. Por medio del Espíritu nacemos de nuevo y somos santificados; el Espíritu renueva nuestras mentes, graba la ley de amor de Dios en nuestros corazones y nos da poder para vivir una vida santa. Al permanecer en él somos participantes de la naturaleza divina y tenemos la seguridad de la salvación ahora y en ocasión del juicio". *(Creencias de los Adventistas del Séptimo Día, pág.131).*

Textos claves: (2 Cor. 5:17-21; Jn. 3:16; Gál. 1:4; 4:4-7; Tito 3:3-7; Jn. 16:8; Gál. 3:13,14; 1 Ped. 2:21,22; Rom. 10:17; Luc. 17:5; Mar. 9:23,24; Efe. 2:5-10; Rom. 3:21-26; Col. 1:13,14; Rom. 8:14-17; Gál. 3:26; Jn. 3:3-8; 1 Ped. 1:23; Rom. 12:2; Heb. 8:7-12; Eze. 36:25-27; 2 Ped. 1:3,4; Rom. 8:1-4; 5:6-10).

La experiencia de la salvación y el pasado

1. Únicamente por medio de Cristo se puede experimentar la salvación (Hech. 4:12; Jn.14:6; 16: 8). _____
_____

2. ¿Qué es el arrepentimiento? (Prov. 28:13; Sal. 51:1,3, 10). _____
_____
_____

3. ¿Qué es la justificación y en qué consiste? (2 Cor. 5:21; Rom. 3:24, 28; 5:16-19). _____
_____

4. ¿Cuál es el papel de la fe y las obras? (Heb. 11:8-10; Gén. 12:4; 13:18; Sant. 2:17-26). _____
_____

> "Ni las obras ni una fe muerta pueden conducirnos a la justificación. Esta puede cumplirse únicamente por una fe genuina que obra por amor (Gál. 5:6) y purifica el alma.". *Creencias...pág. 135.*

5. ¿Cuáles son los resultados del arrepentimiento y la justificación? (1 Cor. 6:11; Rom. 1:7; Fil. 1:1; Efe. 1:6-7; 1 Jn. 5:12). __
_____
_____

> "El verdadero arrepentimiento y justificación conducen a la santificación. La justificación y la santificación se hallan estrechamente relacionadas...Designan dos aspectos de la salvación: La justificación es lo que Dios hace *por nosotros*, mientras que la santificación es lo que Dios hace *en nosotros*. Ni la justificación ni la santificación son el resultado de obras meritorias. Ambas se deben únicamente a la gracia y justicia de Cristo". *Creencias...pág. 136.*

La experiencia de la salvación y el presente

6. La sangre de Cristo trae purificación y justificación (2 Cor. 5:17).
_____

7. ¿qué cambios produce el Espíritu Santo en la vida del creyente? (Rom.8:1-10; Gál. 5:22-23). _____
_____

8. ¿Cómo podemos llegar a ser perfectos en Cristo? (Jn. 15:5; Efe. 4:13-14; Fil. 2:12-13; 1 Jn.2:1). _____

_____

La experiencia de la salvación y el futuro

9. Nuestra salvación en forma final será completada al ser glorificados en la resurrección, o trasladados al cielo (Heb. 9:28).

- ✓ Glorificación y santificación (Rom. 8:11; Col. 1:27; 2 Cor. 3:18; Mat. 19:28; Hech. 3:21). _____
- ✓ Glorificación y perfección (Fil. 3:12-14; 1 Cor. 10:12). _____

La base de nuestra aceptación ante Dios

10. "No podemos contribuir absolutamente nada al don de la justicia de Cristo; solo podemos recibirlo. Fuera de Cristo, no hay nadie más que sea justo" (Rom. 3:10; Isa. 64:6; 1 Cor. 1:26-31). ____

_____

_____

> "Nuestra transformación final sucederá cuando recibamos la incorruptibilidad y la inmortalidad, cuando el Espíritu Santo restaure completamente la creación original". *Creencias... pág. 145.*

Para meditar y aplicar

- ➢ ¿Cuál es la única condición para que alguien sea perdonado?
- ➢ Explica en qué consiste la perfección bíblica.
- ➢ ¿Cómo se demuestra la santificación en el diario vivir?
- ➢ Comparte con alguien, cómo la experiencia de la salvación es una realidad en tu vida.

LA DOCTRINA DEL HOMBRE

Crecer en Cristo

La iglesia

El Remanente y su misión

La unidad del cuerpo de Cristo

El bautismo

La cena del Señor

Los dones y ministerios espirituales

El don de profecía

Crecer en Cristo

Jesús triunfó sobre las fuerzas del mal por su muerte en la cruz. Quien subyugó los espíritus demoníacos durante su ministerio terrenal, quebrantó su poder y aseguró su destrucción definitiva. La victoria de Jesús nos da la victoria sobre las fuerzas malignas que todavía buscan controlarnos y nos permite andar con él en paz, gozo y la certeza de su amor. El Espíritu Santo ahora mora dentro de nosotros y nos da poder. Al estar continuamente comprometidos con Jesús como nuestro Salvador y Señor, somos librados de la carga de nuestros actos pasados. Ya no vivimos en la oscuridad, el temor a los poderes malignos, la ignorancia ni la falta de sentido de nuestra antigua manera de vivir. En esta nueva libertad en Jesús, somos invitados a desarrollarnos en semejanza a su carácter, en comunión diaria con él por medio de la oración, alimentándonos con su Palabra, meditando en ella y en su providencia, cantando alabanzas a él, retiñiéndonos para adorar y participando en la misión de la iglesia. Al darnos en servicio amante a quienes nos rodean y al testificar de la salvación, la presencia constante de Jesús por medio del Espíritu transforma cada momento y cada tarea en una experiencia espiritual". *(Creencias de los Adventistas del Séptimo Día, pág.147)*.

Textos claves: (Sal. 1:1,2; 23:4; 77:11,12; Col. 1:13,14; 2:6,1 4,1 5 ; Luc. 10:17-20; Efe. 5:19,20; 6:12-18; 1 Tes. 5:23; 2 Ped. 2:9; 3:18; 2 Cor. 3:17,18; Fil. 3:7-14; 1 Tes. 5:16-18; Mat. 20:25-28; Jn. 20:21; Gál. 5:22-25; Rom. 8:38,39;1 Jn. 4:4; Heb. 10:25).

La vida comienza con la muerte

1. Estudia cómo la muerte de Cristo en la cruz hace posible nuestra nueva vida: libre del dominio de Satanás, libre de la condenación del pecado, libre de la muerte que es el castigo del pecado (Col. 1:13, 14; Rom. 8:1; 6:23). _____

2. La cruz se encuentra en el centro del plan divino de la salvación (Jn. 3:16; 1 Jn. 1:7; Col. 2:15; Rom. 6:11-12; Mat. 26:28; 1 Pe. 1:18-19).
_____
_____

3. ¿Por qué muerte al yo, forma parte de la nueva vida del cristiano? (Gál. 2:20-21; Jn. 12:24; Rom. 6:6-11; 2 Cor. 5:17; Col. 3:9-10; Mat. 16:24)._____
_____

4. Vivir una nueva vida, es el tercer aspecto del crecimiento en Cristo (Efe. 1:7; 2:8-9; 1 Cor. 15:10; 2 Cor. 6:1). _____
_____

> "Crecer en Cristo, por lo tanto, equivale a crecer en madurez de manera que día tras día reflejamos la voluntad de Cristo y caminamos los caminos de Cristo". *Creencias...pág. 153.*

Señales del crecimiento en Cristo

5. Aquí se ofrecen siete señales en este estudio.
   - ✓ Una vida del Espíritu (Jn. 3:5; 14:17; 16:13; Rom. 8:14,17). ___
   - ✓ Una vida de amor y unidad (2 Cor.5:18; Jn 17:21). _____
   - ✓ Una vida de estudio (Mat. 4:4; Sal. 119:12; Heb. 4:12). _____
   - ✓ Una vida de oración (Efe. 6:18-19; Luc. 18:11). _____
   - ✓ Una vida que tiene frutos (Mat. 7:20; Sant. 2:17; Jn.14:15). ___
   - ✓ Una vida de guerra espiritual (Efe. 6:12-14; Apoc. 12:17; 1 Ped. 5:8-9). _____
   - ✓ Una vida de adoración, testificación y esperanza (Hech. 2:42-47; 5:41,42; 6:7; Heb. 10:24, 25; Mat. 20:25-28; Hech. 1:8; Fil. 3:14). _____

"La vida cristiana, entonces, no comienza con el nacimiento. Comienza con la muerte. No hay comienzo alguno hasta que el yo muera, hasta que el yo sea crucificado. Debe haber una extirpación radical y deliberada del yo. "De modo que si alguno está en Cristo, nueva criatura es; las cosas viejas pasaron; he aquí todas son hechas nuevas" (2 Cor. 5:17). "La vida del cristiano no es una modificación o mejora de la antigua, sino una transformación de la naturaleza". *Creencias… pág. 151.*

Para meditar y aplicar

- ¿En qué áreas o facetas de tu vida necesitas crecer espiritualmente?
- ¿Cómo crecemos en Cristo y maduramos como cristianos?
- ¿Cuáles son las señales del crecimiento espiritual?
- ¿Cómo podemos experimentar la victoria de Cristo en nuestras vidas hoy mismo?

La Iglesia

La iglesia es la comunidad de creyentes que confiesan que Jesucristo es Señor y Salvador. Como continuadores del pueblo de Dios del Antiguo Testamento, se nos invita a salir del mundo; y nos reunimos para adorar, para estar en comunión unos con otros, para recibir instrucción en la Palabra, para la celebración de la Cena del Señor, para servir a toda la humanidad y para proclamar el evangelio en todo el mundo. La iglesia recibe su autoridad de Cristo, que es la Palabra encarnado, y de las Escrituras, que son la Palabra escrita. La iglesia es la familia de Dios; somos adoptados por él como hijos, vivimos sobre la base del nuevo pacto. La iglesia es el cuerpo de Cristo, es una comunidad de fe, de la cual Cristo mismo es la cabeza. La iglesia es la esposa por la cual Cristo murió para poder santificarla y purificarla. Cuando regrese en triunfo, él presentará a sí mismo una iglesia gloriosa, los fieles de todas las edades, adquiridos por su sangre, una iglesia sin mancha, ni arruga, sino santa y sin defecto". *(Creencias de los Adventistas del Séptimo Día, pág.161).*

Textos claves: (Gén. 12:3; Hech. 7:38; Efe. 4:11-15; 3:8-11; Mat. 28:19,20; 16:13-20; 18:18; Efe. 2:19-22; 1:22,23; 5:23-27; Col. 1:17,18).

Significado bíblico del término "iglesia"

1. En las Escrituras, la palabra *iglesia* es una traducción del termino griego *ekklésía*, que significa un llamado a reunión (Deut. 18:16; 1 Sam. 17:47; 1 Cor. 10:32; 12:28; Efe. 4:11-16; Col. 4:15; Filemon 2; Hech. 20:28). _____

_____

_____

La naturaleza de la iglesia

2. Estudia cómo la Biblia describe a la iglesia como una institución divina (Hech. 20:28; 1 Cor. 1:2; Mat. 18:17-18).

- ✓ Las raíces de la iglesia cristiana (Hech. 7:38; Éxo. 19:6; Dt. 28:9; Isa. 56:7). _____
- ✓ La iglesia como un cuerpo (Efe. 2:16; 5:23). _____
- ✓ La iglesia como templo (1 Cor. 3:9-16; Efe. 2:20;). _____
- ✓ La iglesia como la novia (Ose. 2:19; Jer. 3:14; Efe. 5:25-26). __
- ✓ La iglesia como la Jerusalén de arriba (Gál. 4:26; Fil. 3:20). __
- ✓ La iglesia como familia (Efe. 2:19; Gál. 6:10). _____
- ✓ La iglesia como columna y baluarte de la verdad (1 Tim. 3:15; Mat. 5:13-15). _____
- ✓ La iglesia como un ejército militante y triunfante (Efe. 6:12-13; Apoc. 12:12,17; Mat. 24:13). _____
- ✓ La iglesia visible e invisible (Efe. 5:27; Jn 4:23; 10:16). _____

La organización de la iglesia

3. La iglesia debe ser organizada. Debe poseer una organización sencilla pero ordenada (1 Cor. 14:33,40; 1 Pe. 2:9; Rom. 13:4,7; Heb. 10:25; Fil. 1:5; Mat. 24:14). _____
_____
_____

El gobierno de la iglesia

4. Cuando la iglesia creció, porqué fue necesaria la organización (Hech. 1:15-26; 6:1-4; 14,23; 15:1-29).
_____
_____

Principios bíblicos de gobierno eclesiástico

5. Cristo es la cabeza de la iglesia (Efe. 1:22-23; 5:30; Col. 1:18; Apoc.17.14). _____

6. Cristo es la fuente de autoridad de la iglesia (Efe. 4:7-13; 2 Tim. 3:15-17). _____
_____

7. ¿Cuál es el papel del anciano de la iglesia? Hech. 20:17, 28- 35; Tito 1:5-7; 1Tim. 3:1-7; Heb. 13:7; 1 Pe. 5:3). _____
_____

8. ¿Cuál es el papel de los diáconos y diaconisas? 1 Tim. 3: 8-13). _____

9. ¿Cómo debe ser la disciplina de la iglesia? (2 Cor. 2: 6-11; Apoc. 3:20). _____
_____

Para meditar y aplicar

- ¿Por qué no hay otro fundamento en la iglesia fuera de Cristo Jesús?
- ¿Cuáles son las razones por las que nos congregamos en la iglesia?
- ¿Puede alguien no bautizado ser parte de la iglesia de Cristo?
- Comparte cuál es tu parte o responsabilidad dentro de la iglesia.

El Remanente y su misión

"La iglesia universal está compuesta de todos los que creen verdaderamente en Cristo; pero en los últimos días, una época de apostasía generalizada, se llamó a un remanente para que guarde los mandamientos de Dios y la fe de Jesús. Este remanente anuncia la llegada de la hora del juicio, proclama la salvación por medio de Cristo y pregona la proximidad de su segunda venida. Esta proclamación está simbolizada por los tres ángeles de Apocalipsis 14; coincide con la hora del juicio en los cielos y, como resultado, se produce una obra de arrepentimiento y reforma en la Tierra. Se invita a todos los creyentes a participar personalmente en este testimonio mundial". *(Creencias de los Adventistas del Séptimo Día, pág.180).*

Textos claves: (Apoc. 12:17; 14:6-12; 18:1-4; 2 Cor. 5:10; Jud. 3 ,14 ; 1 Ped. 1:16-19; 2 Ped. 3:10-14; Apoc. 21:1-14).

La gran apostasía

1. Qué advertencia dio Jesús a sus discípulos? (Mat. 24: 4,21-24, 29,32-33). _____

2. ¿Por quién fue provocada la persecución de la iglesia cristiana? (Hech. 20:29-30; 2 Tes. 2:3-4, 9-10). _____

La apostasía surge cuando la iglesia dejó su "primer amor (Apoc. 2:4), abandonó su pureza doctrinal, sus elevadas normas de conducta personal y el invisible vínculo de unidad que proveía el Espíritu Santo". *(Creencias... pág. 182).*

La reforma

3. ¿Cuáles fueron las doctrinas extra bíblicas que ayudaron a impulsar la reforma protestante, y que hoy siguen vigentes?

- ✓ El papa es la cabeza de la iglesia en el mundo es el vicario de Cristo (Efe. 4:15).
- ✓ La iglesia es divina e infalible y sus dirigentes también son infalibles y poseen prerrogativas divinas.
- ✓ Se echó por tierra el ministerio mediador de Cristo como Sumo Sacerdote, y se instituye la misa como portadora de la gracia de Dios (Heb. 4:16).
- ✓ Salvación por obras y buenos méritos (Efe. 2:9).
- ✓ Doctrina de las penitencias e indulgencias para obtener salvación.
- ✓ La autoridad máxima reside en la iglesia y las tradiciones y no en la Biblia.

> Por muchos años hubo autoritarismo eclesiástico, formándose la jerarquía sacerdotal, donde el obispo de Roma surgió como el poder supremo de la cristiandad. Allí se dio inicio a los 1260 años de persecución en el año 538 d.C. (Dan. 7:25; Apoc. 12:6, 14; 13:5-7). Algunos miembros abandonaron la fe y otros permanecieron fieles pero fueron muertos. Esto provocó el nacimiento de la Reforma protestante del siglo XVI que se enfrentó al papado. En el año 1798 el papado fue derrocado con una herida mortal (Apoc. 13:9). *Ver, Creencias... págs.. 182-183.*

El remanente

4. ¿Qué es el Remanente? (Apoc. 12:17; 14:4). _____
_____
_____
_____

5. ¿Cuáles son las Características del Remanente?
   - ✓ Guardan los mandamientos de Dios y tienen la fe de Jesús (Apoc. 14:12
   - ✓ Tienen el testimonio de Jesús (Apoc. 19:10).

La misión del remanente

6. La proclamación del mensaje de los tres ángeles es la misión del remanente (Apoc. 14:6-12; 15:16; 17:2,6; 18:4; 20:14-15; Jn.15:8; 2 Tes. 2:3). _____
_____
_____

> "Dios tiene hijos en todas las iglesias, pero a través de la iglesia remanente proclama un mensaje destinado a restaurar su verdadero culto, al llamar a su pueblo a salir de la apostasía y prepararse para el regreso de Cristo". *(Creencias... pág. 197).*

Para meditar y aplicar

- ➤ Explica cuál es la iglesia verdadera y remanente.
- ➤ ¿Cuál es la principal misión como pueblo remanente?
- ➤ Explica si ser miembro activo e inscrito en la iglesia garantiza tu salvación.
- ➤ Analiza qué cosas estás descuidando en tu vida que están impidiendo tu crecimiento espiritual.

14

La unidad en el cuerpo de Cristo

La iglesia es un cuerpo constituido por muchos miembros, llamados de entre todas las naciones, razas, lenguas y pueblos. En Cristo somos una nueva creación; las diferencias de raza, cultura, educación y nacionalidad, y las diferencias entre encumbrados y humildes, ricos y pobres, hombres y mujeres, no deben causar divisiones entre nosotros. Todos somos iguales en Cristo, quien por un mismo Espíritu nos unió en comunión con él y los unos con los otros; debemos servir y ser servidos sin parcialidad ni reservas. Por medio de la revelación de Jesucristo en las Escrituras, participamos de la misma fe y la misma esperanza, y damos a todos un mismo testimonio. Esta unidad tiene sus orígenes en la unicidad del Dios triuno, que nos adoptó como hijos suyos". *(Creencias de los Adventistas del Séptimo Día, pág.200).*

> **Textos claves:** (Rom. 12:4, 5; 1 Cor. 12:12-14; Mat. 28:19,20; Sal. 133:1; 2 Cor. 5:16,17: Hech.17:26,27; Gál. 3:27, 29: Col. 3:10-15; Efe. 4:14-16; 4:1-6; Jn. 17:20-23).

La unidad de la Biblia y la iglesia

1. ¿Cómo funciona la unidad de la iglesia y la Biblia y quien es la fuerza motriz que la impulsa? (1 Cor. 12:13; Efe. 4:4-6; Tito 2:11-14; 1 Jn. 3:3; 1 Cor. 1:10; 2 Cor. 13:11). _____

2. ¿Cómo es posible la unidad en la diversidad? (1 Cor. 12: 4-11; Jn. 15:1-6). _____

¿Cuán importante es la unidad de la iglesia?

3. Sin la unidad la iglesia fracasará en el cumplimiento de su sagrada misión.

- ✓ La unidad hace que los esfuerzos de la iglesia sean efectivos (Jn. 17:23).
- ✓ La unidad revela la realidad del reino de Dios (Sal. 133:1).
- ✓ La unidad muestra la fortaleza de la iglesia (1 Cor. 3:9).

> "Los poderes de las tinieblas son impotentes contra la iglesia cuyos miembros se aman unos a otros como Cristo los ha amado a ellos". *Creencias... pág. 205.*

El logro de la unidad

4. La fuente de la unidad proviene de Dios ¿Qué papel les toca desempeñar a los creyentes para que se logre? (Efe. 4:11-16, 22-24; Jn 17:17). _____

_____

_____

5. ¿Cuál es el nuevo mandamiento de Cristo? (Mat. 22:39; Jn 15:12). _____

_____

_____

> "En la cruz nos damos cuenta de que Cristo no murió exclusivamente por nosotros, sino por todos los habitantes del mundo. Esto significa que ama a todas las nacionalidades, razas, colores y clases. A todos los ama igualmente, no importa cuáles sean sus diferencias. Es por esto que la unidad está arraigada en Dios". *Creencias... pág. 208*

6. ¿Cuáles son los pasos que deben dar los creyentes para obtener la unidad?

   1. Unidad en el hogar (Efe. 5:21-30; 6: 1-4). _____
   2. Procúrese la unidad (Sal. 133; Efe. 4:3). _____
   3. Trabajemos unidos hacia un blanco común (Efe. 4:12-13; Luc. 9:1-2). _____
   4. Hay que desarrollar una perspectiva global (Mt. 24:14; 28:19-20). _____
   5. Evítense actitudes que dividen (1 Jn 4:9-11; Gál. 5:16, 22-23; Sant. 2:9; Mat. 25:40). _____

Para meditar y aplicar

- ¿Por qué Dios se preocupa por la unidad de la iglesia?
- ¿Puede haber unidad en misión y en el servicio si la iglesia está dividida en doctrina? Explique.
- ¿De qué maneras has sido bendecido por la unidad existente entre los miembros de la iglesia?
- ¿Qué puede hacer tu iglesia local para mejorar la unidad, en caso que hayan divisiones y disensiones entre los miembros?
- ¿Qué actividades en tu iglesia local muestran la unidad de la iglesia?
- Toma un tiempo para pensar si estás fomentando la unidad en tu congregación, o estás obstruyendo el avance de la predicación del evangelio con tus acciones.

15

El Bautismo

Por medio del bautismo confesamos nuestra fe en la muerte y resurrección de Jesucristo, y damos testimonio de nuestra muerte al pecado y de nuestro propósito de andar en novedad de vida. De este modo reconocemos a Cristo como nuestro Señor y Salvador, llegamos a ser su pueblo y somos recibidos como miembros de su iglesia. El bautismo es un símbolo de nuestra unión con Cristo, del perdón de nuestros pecados y de nuestro recibimiento del Espíritu Santo. Se realiza por inmersión en agua, y depende de una afirmación de fe en Jesús y de la evidencia de arrepentimiento del pecado. Sigue a la instrucción en las Sagradas Escrituras y a la aceptación de sus enseñanzas". *(Creencias de los Adventistas del Séptimo Día, pág.211).*

Textos claves: (Rom. 6:1-6; Col. 2:12 ,1 3; Hech. 16:30-33; 22:16; 2:38; Mat. 28:19-20).

¿Cuán importante es el bautismo?

1. ¿Qué ejemplo dio Jesús al iniciar su ministerio, y qué orden nos dejó? (Mat. 3:13-15; Mat. 28:19-20). _____
_____
_____

2. ¿Explique por qué es indispensable el bautismo para obtener la salvación? (Mar. 16:16; Hech. 2:38; 1 Ped. 3:20-21). _____
_____
_____
_____

"Un bautismo"

3. ¿Qué significa la palabra bautismo? (Mat. 3:6,16; Mar. 1:5, 9-11; Jn 3:23; Hech. 8:38-39). _____

_____

_____

> "La palabra española *bautizar* viene del verbo griego *baptizo*, el cual implica inmersión, y que se deriva del verbo *bapto*, que significa "sumergir en algo o bajo algo". Cuando el verbo *bautizar* se refiere al bautismo en agua, implica la idea de inmersión, es decir, el acto de sumergir a una persona bajo el agua"... El Nuevo Testamento no ofrece "ninguna evidencia de que el rociamiento fuese alguna vez una práctica apostólica; en verdad, la evidencia apunta en su totalidad al hecho de que esta práctica fue una introducción posterior" *Creencias... pág. 214.*

El significado del bautismo

4. El bautismo significa:

- ✓ Símbolo de la muerte y resurrección de Cristo (Mar. 10:38; Luc. 12:50; Rom. 6:3-5).
- ✓ Símbolo de estar muerto al pecado y vivo para Dios (Gál. 2:20; 2 Cor. 5:17; Col. 2:12; 2 Cor. 6:17; Rom. 6:11; Col. 2:11-12; Gál. 3:27-29).
- ✓ Símbolo de consagración al servicio de Cristo. (Mat. 3:13-17; Hech. 10:38; Isa. 1:25; Heb. 12:29; Mat. 24:14; Apoc. 14:6).
- ✓ Símbolo de entrada a la iglesia. (Jn. 3:3, 5; Hech. 2:41, 47; 1 Cor. 12:13).

5. ¿Puede salvar el bautismo o solo es un requisito para ser salvo? Hech. 16:31-33). _____

_____

Requisitos para el bautismo

6. Estos se resumen en cuatro principales que son:
   - ✓ Fe (Mar. 16:16; Hech. 8:12, 36, 37; 18:8; Rom. 10:17). _____
   - ✓ Arrepentimiento (Hech. 2:38). _____
   - ✓ Frutos de arrepentimiento Mat. 3:8; Jn. 15:1-8). _____
   - ✓ Conocimiento de la Biblia (Mat. 28:20). _____

7. ¿A qué edad debiera una persona estar lista para el bautismo? Hech. 8:12,13, 29-38; 9:17,18; 1 Cor. 1:14). _____

_____

"Los individuos pueden ser bautizados (1) si tienen edad suficiente para comprender el significado del bautismo, (2) si se han entregado a Cristo y están convertidos, (3) si comprenden los principios fundamentales del cristianismo, y (4) si entienden el significado de ser miembros de la iglesia. Una persona hace peligrar su salvación únicamente si al llegar a la edad de la responsabilidad personal rechaza la influencia del Espíritu Santo". *Creencias… pág. 221.*

El fruto del bautismo

8. ¿Qué efecto produce el bautismo? (Col. 3:1, 2; 2 Ped. 1:2; 1 Ped. 2:2-5; Efe. 4:12). _____

_____

Para meditar y aplicar

> ➤ ¿Si eres bautizado(a) ya estás salvo(a)?
> ➤ ¿Qué tanto conocimiento necesita una persona para ser bautizado?
> ➤ ¿Por qué el bautismo de niños no lo aprueba la Biblia?
> ➤ Si ya fuiste bautizado, ¿De qué modo ha afectado ese pacto bautismal tu caminar diario con Cristo?

La Cena del Señor

La Cena del Señor es una participación en los emblemas del cuerpo y la sangre de Jesús como expresión de fe en él, nuestro Señor y Salvador. Cristo está presente en esta experiencia de comunión para encontrarse con su pueblo y fortalecerlo. Al participar de la Cena, proclamamos gozosamente la muerte del Señor hasta que venga. La preparación para la Cena incluye un examen de conciencia, el arrepentimiento y la confesión. El Maestro ordena el servicio del lavamiento de los pies para denotar una renovada purificación, para expresar la disposición a servirnos mutuamente en humildad cristiana, y para unir nuestros corazones en amor. El servicio de comunión está abierto a todos los creyentes cristianos". *(Creencias de los Adventistas del Séptimo Día, pág.225).*

> **Textos claves**: (1 Cor. 10-16,17; 11:23-30; Mat. 26:17-30; Apoc. 3:20; Jn. 6:48-63; 13:1-17).

La ordenanza del lavamiento de los pies

1. ¿Cuál era la costumbre de los israelitas al celebrar la pascua? (Éxo. 12:15,19, 20; Jn. 13:17; 1 Cor.11:27-29). _____
_____
_____

2. ¿En el momento previo a la celebración de la cena del Señor, qué causaba tristeza en el corazón de Jesús? (Luc. 22:15-16,24; Mat. 18:1; 20:21). _____
_____
_____

3. ¿Cuál fue el ejemplo más grande que Jesús dio a sus discípulos? (Jn 13:2-4; 14-17). _____

_____

> "Las ordenanzas del lavamiento de los pies y de la Cena del Señor constituyen el servicio de la Comunión. Así, Cristo instituyó ambas ordenanzas con el fin de ayudarnos a entrar en comunión con él". *Creencias... pág. 226.*

4. ¿Qué implica el lavamiento de los pies y qué nos recuerda?
   - ✓ Un recuerdo de la condescendencia de Cristo (Fil. 2:7; Mat. 20:28; Gál. 5:13; Mat. 25:40).
   - ✓ Tipifica una purificación mayor (Jn. 13:10).
   - ✓ Comunión en el perdón (Mat. 6:14,15; Jn.13:14).
   - ✓ Comunión con Cristo y con los creyentes (Jn. 13:1,8,34; Gál. 5:13; Fil. 2:3).

La celebración de la cena del Señor

5. ¿Cuáles son los nombres que se le dan a la cena del Señor?

   - ✓ (1 Cor. 11:20-21). _____
   - ✓ (Hech. 20:7; 2:42). _____
   - ✓ (Mat. 26:26, 27; 1 Cor. 10: 16; 11:24). _____

   _____

6. ¿Cuál es el significado de la cena del Señor?
   - ✓ Conmemoración de la liberación del pecado (Éxo. 12:3-8; Jn. 6:54; 1 Cor. 5:7, 8; 11:24; 1 Ped. 1:19; Jn. 6:53, 54).
   - ✓ La comunión colectiva con Cristo (1 Cor. 10:16,17; Mat. 26:27, 28).
   - ✓ Anticipación de la segunda venida (1 Cor. 11:26; Mat. 26:29; Apoc. 19:9; Luc. 12:35-37).

7. ¿Cuáles son los requisitos para participar de la cena del Señor? (1 Cor. 11:27-29; 1 Cor. 5:11). _____
_____
_____
_____

> "Jesús administró la Comunión únicamente a sus seguidores profesos. El servicio de Comunión, por lo tanto, es para los cristianos creyentes. Los niños no participan generalmente en estas ordenanzas, a menos que hayan sido bautizados" *Creencias… pág. 234.*

Para meditar y aplicar

- ¿Qué significado tiene para ti la Cena del Señor?
- ¿Es necesario el lavamiento de los pies? ¿Por qué?
- ¿Qué significa tomar la Cena del Señor "indignamente"?
- ¿Puede un adulto no bautizado tomar la Cena del Señor?
- ¿Qué bendiciones trae a tu vida el participar de la Cena del Señor?

Los dones y ministerios espirituales

Dios concede a todos los miembros de su iglesia, en todas las épocas, dones espirituales para que cada miembro los emplee en amante ministerio por el bien común de la iglesia y de la humanidad. Concedidos mediante la operación del Espíritu Santo, quien los distribuye entre cada miembro según su voluntad, los dones proveen todos los ministerios y habilidades que la iglesia necesita para cumplir sus funciones divinamente ordenadas. De acuerdo con las Escrituras, estos dones incluyen ministerios —tales como fe, sanidad, profecía, predicación, enseñanza, administración, reconciliación, compasión, servicio abnegado y caridad—, para ayudar y animar a nuestros semejantes. Algunos miembros son llamados por Dios y dotados por el Espíritu para ejercer funciones reconocidas por la iglesia en los ministerios pastorales, de evangelización, apostólicos y de enseñanza, particularmente necesarios con el fin de equipar a los miembros para el servicio, edificar a la iglesia con el objeto de que alcance la madurez espiritual, y promover la unidad de la fe y el conocimiento de Dios. Cuando los miembros emplean estos dones espirituales como fieles mayordomos de la multiforme gracia de Dios, la iglesia queda protegida de la influencia destructora de las falsas doctrinas, crece gracias a un desarrollo que procede de Dios, y se edifica en la fe y el amor" *(Creencias de los Adventistas del Séptimo Día, pág.237).*

Textos claves: (Rom. 12:4-8; 1 Cor. 12:9-11,27,28; Efe. 4:8,11-16; Hech. 6:1-7; 1 Tim. 3:1-13; 1 Ped. 4:10,11).

Los dones del Espíritu Santo

1. Explica la parábola que Cristo usó para ilustrar los dones del Espíritu Santo (Mat. 25:14-15; Luc. 19:11-17). _____

2. Según Pablo, ¿Qué hizo Cristo por su iglesia cuando ascendió a los cielos? (Efe. 4:7-13). _____
_____
_____

El propósito de los dones espirituales

3. ¿Cuán importante es la armonía de la iglesia para el desarrollo de los dones espirituales? (1 Cor. 1: 4,7,10-11; 12:1-27). _____
_____
_____

4. ¿Cuántos tipos de dones existen? (1 Cor 12:28-31; Efe. 4:11-13).
_____
_____
_____
_____

5. ¿Cuál es el fruto del Espíritu que debe manifestar todo creyente? (Gál. 5:22,23; Efe. 5:9; 1 Cor. 13:13). _____
_____
_____

6. ¿Qué producen los dones espirituales en la iglesia? (Efe.4:14-16). _____
_____
_____

Implicaciones de los dones espirituales

7. ¿Por qué todos los miembros son llamados ministrar a través de los dones espirituales? (1 Pe. 2:9; Mat. 28:18-20; Apoc. 14:6-12; Efe. 2:21)._____
_____
_____
_____

"Los miembros no deben esperar que el ministro haga el trabajo de la iglesia—Los ministros no deben hacer el trabajo que pertenece a los laicos, fatigándose así, e impidiendo a otros que cumplan con su deber. Deben enseñar a sus miembros cómo trabajar en la iglesia y en la comunidad, para levantar la iglesia, para hacer la reunión de oración más interesante, y para entrenar como misioneros a jóvenes talentosos". Elena White *El ministerio pastoral pág. 118.*

El descubrimiento de los dones espirituales

8. ¿De qué maneras podemos descubrir los dones espirituales? (Rom. 15:13; 2 Cor. 9:8; 1 Tes. 4:1). _____
_____
_____

9. El proceso de descubrimiento de nuestros dones espirituales se caracteriza por los siguientes rasgos:

- ✓ La preparación espiritual (Sant. 1:5). _____
- ✓ El estudio de las Escrituras (Jn 5:39). _____
- ✓ Abiertos a la conducción providencial (Fil. 2:13)._____
- ✓ Confirmación proveniente del cuerpo (1 Tes. 5:12). _____

Para meditar y aplicar

- ➢ ¿Cuál es la diferencia entre el fruto del espíritu y los dones espirituales?
- ➢ ¿Cuál es la diferencia entre un talento y un don espiritual?
- ➢ ¿Puedes hacer una lista con los dones espirituales que posees?
- ➢ ¿Qué pasa cuando no usas los dones que Dios te ha dado?
- ➢ Ora a Dios pidiéndole que te ayude a ser un canal de bendición para otros.

El don de profecía

Uno de los dones del Espíritu Santo es el de profecía. Este don es una señal identificadora de la iglesia remanente y se manifestó en el ministerio de Elena G. de White. Como mensajera del Señor, sus escritos son una permanente y autorizada fuente de verdad que proporciona consuelo, dirección, instrucción y corrección a la iglesia. Ellos también establecen con claridad que la Biblia es la norma por la cual debe ser probada toda enseñanza y toda experiencia". *(Creencias de los Adventistas del Séptimo Día, pág.246).*

> **Textos claves**: Joel 2:28 y 29; Hechos 2:14-21; Heb. 1:1-3; Apoc. 12-17; 19:10.

El don profético en los tiempos bíblicos

1. Estudia las formas que Dios usó para comunicar sus mensajes a sus hijos en el Antiguo Testamento (Éxo. 7:1,2; Isa. 59:2; 2 Ped. 1:21; 2 Sam. 24:11; 2 Rey. 17:13; Amos 3:7)._____
_____

2. ¿Cómo comunicó Dios sus mensajes en los tiempos del Nuevo Testamento? (Rom. 12:6; 1 Cor. 12:28; Efe. 4:11; 1 Cor. 14:1, 39). ___
_____

3. Estudia las funciones de los profetas en el Nuevo Testamento.
    - ✓ (Efe. 2:20,21)._____
    - ✓ (Hech. 13:1, 2; Hech. 16:6-10)._____
    - ✓ (1 Cor. 14:3,4; Efe. 4:12). _____
    - ✓ (Efe. 4:13,14). _____
    - ✓ (Hech. 11:27-30). _____
    - ✓ (Hech. 15:32). _____

El don profético en los últimos días

4. ¿Qué consejo da el apóstol Pablo a los creyentes? (1 Tes. 5:19, 20; 1 Cor. 14:1; Efe. 4:13). _____
_____

5. ¿Qué predijo Jesús que sucedería antes de su segunda venida? (Mat. 24:11, 24). _____
_____

6. ¿Qué predijo el profeta Joel que ocurriría antes de la segunda venida de Cristo (Joel 2:28-31). _____
_____

7. ¿Cuál es una de las características principales de la iglesia remanente? (Apoc. 12:17; 19:10). _____
_____

Los profetas postbíblicos y la Biblia

8. ¿Cómo se puede probar cuando un profeta es verdadero?
    - ✓ (1 Tes. 5:20-22)._____
    - ✓ (1 Jn. 4:1)._____
    - ✓ (Isa. 8:20). _____
    - ✓ (Deut. 18:21,22)._____
    - ✓ (1 Jn. 4:2, 3)._____
    - ✓ (Mat. 7:16,18-20). _____

"Cualquier persona que pretenda poseer el don profético debe estar sujeta a estas pruebas bíblicas. Si demuestra estar a la altura de estos principios, podemos tener confianza en que verdaderamente el Espíritu Santo le ha concedido el don de profecía a dicho individuo". *Creencias… pág. 254.*

El Espíritu de Profecía en la Iglesia Adventista del Séptimo Día

9. ¿Qué pruebas muestran que el don de profecía se manifestó en el ministerio de Elena G. de White?

- ✓ Sus mensajes concuerdan con la Biblia.
- ✓ La exactitud de sus predicciones, respecto al surgimiento del espiritismo moderno y la estrecha cooperación entre protestantes y católicos.
- ✓ Reconocimiento de la encarnación de Cristo.
- ✓ La influencia de su ministerio.
- ✓ Sus escritos no sustituyen la Biblia.
- ✓ Sus escritos conducen a la compresión y a la aplicación de los principios de la Biblia

10. ¿Cuál es el gran desafío que tenemos en relación con el don de profecía? (2 Crón. 20:20). _____
_____

Para meditar y aplicar

- ➢ ¿Qué entiendes por don de profecía?
- ➢ ¿Qué opinión y valor le das a los escritos de Elena de White?
- ➢ ¿Puede levantarse algún nuevo profeta verdadero en este último tiempo?
- ➢ ¿Por qué es importante el don de profecía para el crecimiento de la iglesia?

LA DOCTRINA DE LA VIDA CRISTIANA

La ley de Dios

El sábado

La mayordomía

La conducta cristiana

El matrimonio y la familia

La Ley de Dios

Los grandes principios de la ley de Dios están incorporados en los Diez Mandamientos y ejemplificados en la vida de Cristo. Expresan el amor, la voluntad y el propósito de Dios con respecto a la conducta y a las relaciones humanas, y son obligatorios para todas las personas en todas las épocas. Estos preceptos constituyen la base del pacto de Dios con su pueblo y son la norma del juicio divino. Por medio de la obra del Espíritu Santo, señalan el pecado y despiertan el sentido de la necesidad de un Salvador. La salvación es totalmente por la gracia y no por las obras, pero su fruto es la obediencia a los mandamientos. Esta obediencia desarrolla el carácter cristiano y da como resultado una sensación de bienestar. Es una evidencia de nuestro amor al Señor y de nuestra preocupación por nuestros semejantes. La obediencia por fe demuestra el poder de Cristo para transformar vidas y, por lo tanto, fortalece el testimonio cristiano". *(Creencias de los Adventistas del Séptimo Día, pág.262).*

> **Textos claves**: (Éxo. 20:1-17; Sal. 40:7,8; Mat. 22:36-40; Deut. 28:1-14; Mat. 5:17-20; Heb. 8:8-10; Jn. 15:7-10; Efe. 2:8-10; 1 Jn. 5:3; Rom. 8:3,4; Sal. 19:7-14).

La naturaleza de la Ley

1. Lee y analiza los diez mandamientos que Dios dio en el Sinaí. (Éxo. 20:1-17). _____

2. Estudia los principios universales que contiene la ley de Dios.
   - ✓ Un reflejo del carácter del Dador de la ley (Sal. 19:7,8; Sal. 119:172).
   - ✓ Una ley moral (1 Jn. 3:4).
   - ✓ Una ley espiritual (Rom. 7:14; Jn. 15:4; Gál. 5:22, 23).

- ✓ Una ley positiva (Éxo. 20:13).
- ✓ Una ley sencilla (Éxo. 20:12).
- ✓ Una ley de principios (Ecle. 12:13).
- ✓ Una ley única (Deut. 5:22; Éxo. 31:18; Deut. 10:2).
- ✓ La ley es una delicia (Sal. 119: 97,127,143; 1 Jn. 5:3).

> "Cuando Dios dio la ley en el Sinaí, no solo se reveló a sí mismo como la majestuosa autoridad suprema del universo. También se describió como el Redentor de su pueblo (Éxo. 20:2)… su ley es un reflejo de su carácter. Es moral, espiritual y abarcante". *Creencias… pág. 263.*

El propósito de la ley

3. ¿Cuáles son los propósitos específicos que tiene la ley?
   - ✓ Revela la voluntad de Dios para la humanidad (Mat. 19:17).
   - ✓ Es la base del pacto de Dios (Deut. 9:9; Ecle. 12:13,14).
   - ✓ Señala el pecado (Sant. 1:23-25; Rom. 7:7).
   - ✓ Es un agente en la conversión (Sal. 19:7; Gál.3:24).
   - ✓ Provee verdadera libertad (Sal. 119:45; Sant. 1:25; 2:8).
   - ✓ Domina el mal y trae bendiciones (Prov. 14:34; 16:12)

La perpetuidad de la ley

4. ¿Cómo sabemos que existía la ley antes del Sinaí? (1 Jn 3:4; 2 Ped. 2:4; Rom. 5:12; Éxo. 16; 18:16)._____

5. ¿Porqué Dios proclamó su ley en el Sinaí? (Gál. 3:19; Rom. 7:13).
_____

6. ¿Qué ha hecho Satanás para destruir la ley de Dios? (Dan. 7:25; Apoc. 12:9; 13:3)._____

_____

7. ¿Qué harán los santos para defender la ley de Dios? (Apoc 14:6-7;12; 1 Jn. 5:3). _____

_____

La ley y el evangelio

8. ¿Desde cuándo comenzó a aplicarse la gracia de Dios para el ser humano? (Apoc. 13:8; Sal. 103:17-18; Gén. 3:10, 15). _____

_____

9. ¿Qué relación estrecha existe entre la ley de Dios y el evangelio? (Éxo. 20:1-2; 24:12; Deut. 31:26; Jn 3:16; Rom. 10:4). _____

_____

_____

La obediencia a la ley

10. ¿De qué manera Cristo vindicó la santidad y autoridad de la ley de Dios? (Jn 8:58; Rom.3:31; Mat. 5:18; 19:17; Jn 14:15; Heb. 8:10)._____

_____

Para meditar y aplicar

> ¿Puede una persona ser salva guardando la ley?
> ¿Por qué el obedecer y guardar la ley de Dios me hace libre?
> ¿Cuánto tiempo durará la ley de Dios?
> ¿De qué formas prácticas puede Satanás impedirte que no guardes la ley de Dios?
> ¿Cómo puede la ley de Dios ayudarte en tu vida personal, familiar o laboral?

El Sábado

El bondadoso Creador, después de los seis días de la creación, descansó el séptimo día, e instituyó el sábado para todos los hombres como un monumento conmemorativo de la Creación. El cuarto mandamiento de la inmutable ley de Dios requiere la observancia del séptimo día, sábado, como día de reposo, adoración y ministerio en armonía con las enseñanzas y la práctica de Jesús, el Señor del sábado. El sábado es un día de agradable comunión con Dios y con nuestros hermanos. Es un símbolo de nuestra redención en Cristo, una señal de nuestra santificación, una demostración de nuestra lealtad y una anticipación de nuestro futuro eterno en el reino de Dios. El sábado es la señal perpetua del pacto eterno entre él y su pueblo. La gozosa observancia de este tiempo sagrado de una tarde a la otra tarde, de la puesta de sol a la puesta de sol, es una celebración de la obra creadora y redentora de Dios". *(Creencias de los Adventistas del Séptimo Día, pág.280).*

Textos claves: (Gén. 2:1-3; Éxo. 20:8-11; Luc. 4:16; Isa. 56:5, 6; 58:13,14; Mat. 12:1-12; Éxo.31:13-17; Eze. 20:12,20; Deut. 5:12-15; Heb. 4:1-11; Lev. 23:32; Mar. 1:32).

El sábado a través de la Biblia

1. ¿Cuáles son los tres actos divinos por los cuales fue establecido el sábado? (Éxo. 31:17; 20:11; Gén. 2:2). _____

2. Mencione dos acontecimientos claves que Dios usó para recordarle a los israelitas sobre la santidad del sábado. (Éxo. 16:4,16-35; 20:8-11). _____

> "Por cuanto únicamente el cuarto mandamiento muestra con autoridad por quién fueron dados los Diez Mandamientos, "contiene el sello de Dios", incluido en su ley como evidencia de su autenticidad y obligatoriedad". *Creencias... pág. 283.*

3. ¿Qué revela la escritura sobre la relación que Cristo tiene con el sábado? (1 Cor. 8:6; Heb. 1:1-2; Jn 1:3; Mar. 2:28; Luc. 4:16; 23:54; Mat.24:20). _____

4. ¿Qué ejemplo nos dejaron los apóstoles en relación con la observancia del sábado? (Luc. 23:54-56; Hch. 17:1-2; 18:4). _____

> "En ninguna parte nos manda la Biblia a observar un día de la semana que no sea el sábado. No declara bendito o santo a ningún otro día semanal. Tampoco indica el Nuevo Testamento que Dios haya cambiado el reposo para otro día de la semana". *Creencias... pág. 286.*

5. ¿Qué amplio significado tiene el sábado?

- ✓ Un monumento perpetuo de la creación. Éxo. 20:11-12
- ✓ Un símbolo de redención. (Deut. 5:15; Éxo. 20:2).
- ✓ Una señal de santificación. Exo. 31:13, Eze. 20:20
- ✓ Una señal de lealtad. Apoc. 14:12
- ✓ Un tiempo para la comunión. Isa. 66:23.
- ✓ Una señal de justificación por la fe. Rom. 2:14-16).
- ✓ Un símbolo de reposo en Cristo. (Heb. 4:4-11).

Intentos de cambiar el día de adoración

6. ¿Por qué surgió la observancia del domingo? (2 Tes. 2:7; Dan. 7:25). _____

7. ¿Cuándo se promulgó la primera ley para guardar el domingo y por quien fue promulgada?

> "El emperador Constantino promulgó la primera ley dominical civil el 7 de marzo del año 321 d.C."... Varias décadas más tarde, la iglesia siguió su ejemplo. El Concilio de Laodicea (alrededor del año 364 d.C.), que no fue un concilio universal sino católico romano, promulgó la primera ley dominical eclesiástica". *Citado en Creencias... pág. 293.*

8. ¿Sigue manteniendo esta posición la iglesia católica?

> La edición de 1977 del [Catecismo de doctrina católica para el converso], contiene esta serie de preguntas y respuestas:
> "P. *¿Cuál es el día de reposo?* "R. El sábado es el día de reposo
> "P. *¿Por qué observamos el domingo en vez del sábado?*
> "R. Observamos el domingo en vez del sábado porque la Iglesia Católica transfirió la solemnidad del sábado al domingo". *Citado en, Creencias... págs. 294-295.*

La observancia del sábado

9. ¿Cuándo comienzan las horas del día sábado? (Lev. 23:32; Gén 1:5; Marc. 1:32; 15:42)._____

10. ¿Qué dice Dios que debemos evitar hacer en el día de sábado? (Éxo. 20:10; Neh. 13:15-22; Isa. 58:13). _____
_____

Para meditar y aplicar

> ➤ ¿Es la observancia del sábado para tu vida una delicia o una carga?
> ➤ ¿Qué cosas debes mejorar al guardar el día de sábado?
> ➤ ¿Guardar el sábado te salva?

La Mayordomía

Somos mayordomos de Dios, a quienes se nos ha confiado tiempo y oportunidades, capacidades y posesiones, y las bendiciones de la tierra y sus recursos. Y somos responsables ante él por el empleo adecuado de todas esas dádivas. Reconocemos el derecho de propiedad por parte de Dios mediante nuestro servicio fiel a él y a nuestros semejantes, y mediante la devolución de los diezmos y las ofrendas que damos para la proclamación de su evangelio y para el sostén y desarrollo de su iglesia. La mayordomía es un privilegio que Dios nos ha concedido para que crezcamos en amor y para que logremos la victoria sobre el egoísmo y la codicia. El mayordomo fiel se regocija por las bendiciones que reciben los demás como fruto de su fidelidad". *(Creencias de los Adventistas del Séptimo Día, pág.301).*

> **Textos claves**: (Gén. 1:26-28; 2:15; 1 Crón. 29:14; Hag. 1:3-11; Mal. 3:8-12; 1 Cor. 9:9-14; Mat. 23:23; 2 Cor. 8:1-15; Rom. 15:26,27).

¿Qué es la mayordomía?

1. Según la Biblia, ¿qué es la mayordomía? (1 Cor. 6:19-20; Gén. 1:1; Sal. 24:1). _____

_____

> "Un mayordomo es una persona a la cual "se le encarga el manejo de la casa o la propiedad de otros". Mayordomía es "la posición, deberes o servicio de un mayordomo"... significa "la responsabilidad que le cabe al hombre por todo lo que Dios le ha confiado, y el uso que de ello hace; la vida, el ser físico, el tiempo, los talentos y capacidades, las posesiones materiales, las oportunidades de servir a otros, y su conocimiento de la verdad". *Creencias... pág.302*

Formas de reconocer que Dios es el dueño

2. Estudia detenidamente cuáles son las cuatro aspectos básicos de la mayordomía:

- ✓ Mayordomía del cuerpo (Luc. 10:27). 1 Cor. 3:16-19; 10:31).
- ✓ La mayordomía de las capacidades (Mat. 25).
- ✓ La mayordomía del tiempo (Col. 3:23, 24; Efe. 5:15,16).
- ✓ La mayordomía de las posesiones materiales (Gén. 1:28; 2:15; Apoc. 11:18).

3. ¿Por qué debemos devolver los diezmos y las ofrendas? (Lev. 27:30,32; Mal. 3:10). _____

_____

4. ¿Para qué se usan los diezmos? (Núm. 18:21, 24; 1 Cor. 9:11-14).

_____

_____

5. ¿Para qué se usan las ofrendas? (Éxo. 36:2-7; 1 Crón. 29:14; 2 Rey. 12:4, 5; 2 Crón. 24:4 13; Neh. 10:32, 33). _____

_____

6. ¿Hay algún límite de dadivosidad para devolver los diezmos y las ofrendas? (Luc. 12:48; Mat. 10:8; 2 Cor. 9:7). _____

_____

7. ¿Qué otras ofrendas son necesarias en la iglesia? (Mat. 25:34-40).

_____

_____

_____

8. ¿Qué advertencia da Dios a quienes son infieles en los diezmos y las ofendas? (Mal. 3:8-12). _____
_____

Cristo como mayordomo

9. ¿Qué hizo Cristo por la raza humana como fiel mayordomo? (Fil. 2:5-8). _____
_____

Las bendiciones de la mayordomía

10. Estudia las tres principales bendiciones de la mayordomía
    - ✓ Una bendición personal (Luc. 12:15; Gál. 5:24; Mat. 25:40).
    - ✓ Una bendición para nuestros semejantes (1 Tim. 6:18,19).
    - ✓ Una bendición para la iglesia (Mat. 24:14).

> "La participación continua de los miembros en el acto de dar es como el ejercicio: fortalece el cuerpo de la iglesia, y le permite participar en compartir las bendiciones que Cristo le ha concedido, lista para responder a cualesquiera necesidades se presenten en la causa de Dios. La iglesia tendrá fondos suficientes para mantener el ministerio, expandir el reino de Dios en su vecindad inmediata, y extenderlo también a los lugares remotos del mundo". *Citado en, Creencias… pág. 309.*

Para meditar y aplicar

- ➢ ¿Qué lugar ocupa Dios en tu vida?
- ➢ ¿Por qué la mayordomía es más que solo dinero?
- ➢ ¿Das a Dios tus diezmos y ofrendas para que te bendiga, o los das porque ya te ha bendecido?
- ➢ ¿Por qué debemos seguir siendo fieles a Dios aun cuando exista un administrador que no hace buen uso del dinero?

La Conducta Cristiana

Somos llamados a ser un pueblo piadoso que piense, sienta y actúe en armonía con los principios del cielo. Para que el Espíritu recree en nosotros el carácter de nuestro Señor, nos involucramos solo en aquellas cosas que producirán en nuestra vida pureza, salud y gozo cristiano. Esto significa que nuestras recreaciones y nuestros entretenimientos estarán en armonía con las más elevadas normas de gusto y belleza cristianos. Si bien reconocemos las diferencias culturales, nuestra vestimenta debiera ser sencilla, modesta y de buen gusto, como corresponde a aquellos cuya verdadera belleza no consiste en el adorno exterior, sino en el inmarcesible ornamento de un espíritu apacible y tranquilo. Significa también que, puesto que nuestros cuerpos son el templo del Espíritu Santo, debemos cuidarlos inteligentemente. Junto con la práctica adecuada del ejercicio y el descanso, debemos adoptar un régimen alimentario lo más saludable posible, y abstenernos de los alimentos inmundos, identificados como tales en las Escrituras. Como las bebidas alcohólicas, el tabaco y el uso irresponsable de drogas y narcóticos son dañinos para nuestros cuerpos, debemos también abstenernos de ellos. En cambio, debemos empeñarnos en todo lo que ponga nuestros pensamientos y nuestros cuerpos en armonía con la disciplina de Cristo, quien quiere que gocemos de salud, de alegría y de todo lo bueno". *(Creencias de los Adventistas del Séptimo Día, pág.312)*.

Textos claves: (Rom. 12:1,2; 1 Jn. 2:6; Efe. 5:1-21; Fil. 4:8; 2 Cor. 10:5; 6:14-7:1; 1 Ped. 3:1-4; 1 Cor. 6:19,20; 10:31; Lev. 11:1-47; 3 Jn. 2).

La conducta y la salvación

1. ¿Cómo debe ser el estilo de vida de los cristianos? (Rom. 12:1-2). _____

_____

Templos del Espíritu Santo

2. ¿Qué hábitos de buena salud debemos practicar los cristianos? (1 Cor. 6:19; Mat. 4:23). _____

_____

La bendición de Dios para la salud total

3. Estudia los principios que Dios ha establecido para el beneficio del ser humano:

- ✓ La bendición del ejercicio (Prov. 6:6-13; Gén. 2:5, 15; 3:19).
- ✓ La bendición de la luz solar (Gén. 1:3).
- ✓ La bendición del agua (Gén. 21:19; Heb. 6:7; Isa. 44:3).
- ✓ La bendición del aire fresco (Gén.2:8; Hech. 17:25).
- ✓ La bendición de una vida temperante, libre de drogas y de estimulantes (1 Cor. 10:31; Éxo. 20:13; Prov. 20:1).
- ✓ La bendición del reposo (Mar. 6:31; Sal. 46:10; Éxo. 20:10).
- ✓ La bendición de una alimentación nutritiva (Gén. 1:29; Gén. 3:18; 9:3-5; Levítico 11).
- ✓ La bendición de una vestimenta cristiana (Mat. 6:25-33).

4. ¿Cuáles son los principios bíblicos para una recreación correcta? (1 Jn. 2:15-17; Mat. 5:29, 30; 2 Cor. 3:18; Filipenses 4:8). _____

_____

5. Estudia las características de la vestimenta cristiana de alguien que profesa ser hijo de Dios.

- ✓ La sencillez (1 Tim. 2:9; 1 Ped. 3:3).
- ✓ De elevada virtud moral (1 Jn. 2:16; Éxo. 33:5, 6).
- ✓ Práctico y económico (1 Tim. 2:9-10).
- ✓ Saludable (3 Jn 2).
- ✓ Debe poseer gracia y belleza natural (Mat. 6:29; 1 Ped. 3:3-4).

Los principios de las normas cristianas

6. Estudia detenidamente los principios de las normas cristianas.

    ✓ Viviendo con la mente y los sentimientos de Cristo (Fil. 2:5).

    ✓ Viviendo para alabar y glorificar a Dios (Sal. 63:2-5; 2 Cor. 5:15; 1 Cor. 10:31).

    ✓ Viviendo una vida ejemplar (1 Cor. 10:32; Hech. 24:16; 1 Jn. 2:6).

    ✓ Viviendo una vida dedicada al ministerio (1 Cor. 10:33; Mat. 20:28).

Requerimientos y principios

7. ¿Cómo debe ser el desarrollo de la conducta cristiana? (Rom. 14:1; 15:1; 1 Cor. 10:31). _____

_____

> Cuando el Espíritu Santo se hace presente en la vida de un individuo, sucede un cambio decidido, el cual se hace evidente para con los que rodean a dicho individuo (Jn. 3:8). El Espíritu no solo efectúa un cambio inicial en la vida; sus efectos son perdurables". *Creencias... pág.323*

Para meditar y aplicar

> ➤ ¿Cómo puedes de forma práctica compartir los principios de una vida saludable?
> ➤ ¿Qué responsabilidad tenemos con el mundo que Dios creó?
> ➤ ¿Puedes alabar a Dios con todo tu corazón en todo lo que estás haciendo?

23

El matrimonio y la familia

El matrimonio fue establecido por Dios en el Edén y confirmado por Jesús para que fuera una unión para toda la vida entre un hombre y una mujer, en amante compañerismo. Para el cristiano, el matrimonio es un compromiso con Dios y con el cónyuge, y debiera celebrarse solo entre personas que participan de la misma fe. El amor mutuo, el honor, el respeto y la responsabilidad constituyen la estructura de esa relación, que debe reflejar el amor, la santidad, la intimidad y la perdurabilidad de la relación que existe entre Cristo y su iglesia. Con respecto al divorcio, Jesús enseñó que la persona que se divorcia, a menos que sea por causa de relaciones sexuales ilícitas, y se casa con otra persona, comete adulterio. Aunque algunas relaciones familiares estén lejos de ser ideales, los consortes que se dedican plenamente el uno al otro pueden, en Cristo, lograr una amorosa unidad gracias a la dirección del Espíritu y a la instrucción de la iglesia. Dios bendice a la familia y quiere que sus miembros se ayuden mutuamente hasta alcanzar la plena madurez. Los padres deben criar a sus hijos para que amen y obedezcan al Señor. Deben enseñarles, mediante el precepto y el ejemplo, que Cristo disciplina amorosamente, que siempre es tierno, que se preocupa por sus criaturas, y que quiere que lleguen a ser miembros de su cuerpo, la familia de Dios. Una creciente intimidad familiar es uno de los rasgos característicos del último mensaje evangélico". *(Creencias de los Adventistas del Séptimo Día, pág.330).*

Textos claves: (Gén. 2:18-25; Mat.19:3-9; Jn. 2:1-11; 2 Cor. 6:14; Efe. 5:21-33; Mat. 5:31,32; Mar. 10:11,12; Luc. 16:18; 1 Cor. 7:10,11; Éxo. 20:12; Efe. 6:1-4; Deut. 6:5-9; Prov. 22:6; Mal. 4: 6).

Desde el comienzo

1. ¿Dónde fue instituida la familia? (Gén. 1:26-27,31; 2:18, 21-22).__

2. ¿Por qué el matrimonio es un acto decisivo que comprende su unión como una desvinculación? (Gén. 2:23-24; Efe. 5:21-33; Mat. 19:6). _____
_____

3. ¿Qué instrucciones dio Dios a su pueblo relacionado con el matrimonio? (Am. 3:3; Deut. 7:4; Jos. 23:11-13; 2 Cor. 6:14-18). ____
_____
_____

4. ¿Qué aspectos incluye el proceso de llegar a ser una sola carne? (Gén. 4:1; Prov. 5:18,19; Heb.13:4). _____
_____

5. ¿Cuáles son las características del amor *agápé* de Dios? (1 Cor. 13:4-8). _____
_____

Los efectos que la caída tuvo en el matrimonio

> "El temor que impulsó a la primera pareja a esconderse, no solo distorsionó su relación con Dios, sino también sus relaciones mutuas...Cuando Dios los interrogó, ambos procuraron protegerse a sí mismos a expensas del otro. Sus acusaciones dan evidencia de la trágica destrucción de la relación de amor que Dios había establecido en la creación". *Creencias... pág. 336.*

6. Estudia sobre las desviaciones ocurridas en el matrimonio.
    - ✓ Poligamia (Gén. 16; 29:16-30:24).
    - ✓ Fornicación y adulterio (Éxo. 20:14; Gál. 5:19; Efe. 5:3).
    - ✓ Pensamientos impuros (Mat. 5:27, 28).
    - ✓ El incesto (Lev. 18:6-29; 1 Cor. 5:1-5).
    - ✓ El divorcio (Mat. 19:6; Mar. 10:7-9; Mat. 5:32; 19:9).
    - ✓ La homosexualidad (Gén. 19:4-10; Lev. 18:22; Rom. 1:26-28).

La familia

7. ¿Qué orden le dio Dios a la primera pareja? (Gén. 1:28). _____
_____

Los padres y los hijos

8. ¿Qué responsabilidades tienen los esposos y padres? (Col. 3:19; Efe. 5:23-28; 1 Ped. 3:1-8; Sal. 127:3; Deut. 6:7-9; 11:18; Prov. 22:6).__
_____
_____

La familia extendida.

9. ¿Qué responsabilidades tenemos con otros miembros de la familia? (Sal. 71:18; Prov. 16:31; Isa. 46:4; Sant. 1:27; Éxo. 22:22). ___
_____
_____

Promesa de reforma

10. ¿Qué promesa dice la Biblia que se cumplirá antes de la venida del Señor? (Mal. 4:5,6)._____
_____

Para meditar y aplicar

- Ora agradeciendo a Dios por cada miembro de tu familia y exprésales cuanto les amas.
- ¿Cuál ha sido la mayor prueba que has enfrentado con tu familia y cómo Dios les ha fortalecido?

LA DOCTRINA DE LOS ACONTECIMIENTOS FINALES

El ministerio de Cristo en el Santuario celestial

La segunda venida de Cristo

La muerte y la resurrección

El milenio y el fin del pecado

La tierra nueva

El Ministerio de Cristo en el Santuario celestial

Hay un santuario en el cielo, el verdadero tabernáculo que el Señor erigió y no el hombre. En él ministra Cristo en favor de nosotros, para poner a disposición de los creyentes los beneficios de su sacrificio expiatorio ofrecido una vez y para siempre en la cruz. Cristo llegó a ser nuestro gran Sumo Sacerdote y comenzó su ministerio intercesor en ocasión de su ascensión. En 1844, al concluir el período profético de los 2.300 días, inició la segunda y última fase de su ministerio expiatorio. Esta obra es un juicio investigador, que forma parte de la eliminación definitiva del pecado, prefigurada por la purificación del antiguo santuario hebreo en el Día de la Expiación. En el servicio simbólico, el santuario se purificaba mediante la sangre de los sacrificios de animales, pero las cosas celestiales se purifican mediante el perfecto sacrificio de la sangre de Jesús. El juicio investigador revela a las inteligencias celestiales quiénes de entre los muertos duermen en Cristo, siendo, por lo tanto, considerados dignos, en él, de participaren la primera resurrección. También toma de manifiesto quién, de entre los vivos, permanece en Cristo, guardando los mandamientos de Dios y la fe de Jesús, estando, por lo tanto, en él, preparado para ser trasladado a su reino eterno. Este juicio vindica la justicia de Dios al salvar a los que creen en Jesús. Declara que los que permanecieron leales a Dios recibirán el reino. La conclusión de este ministerio de Cristo señalará el fin del tiempo de prueba otorgado a los seres humanos antes de su segunda venida". *(Creencias de los Adventistas del Séptimo Día, pág. 348.*

Textos claves: (Heb. 8:1-5; 4:14-16; 9:11-28; 10:19-22; 1:3; 2:16,17; Dan. 7:9-27; 8:13, 14; 9:24-27; Núm. 14:34; Eze. 4:6; Lev. 16; Apoc. 14:6, 7; 20:12; 14:12; 22:12).

El Santuario del cielo

1. ¿Qué evidencias tenemos de que hay un santuario en el cielo? (Éxo. 25:8-9,40; Heb. 8:1, 2; 9:23, 24; Sal. 11:4; Apoc. 11:9,19; 15:5). __

_____

_____

El ministerio del Santuario celestial

2. ¿Qué tres fases del ministerio de Cristo ilustraba el santuario?

- ✓ El sacrificio sustitutivo (Heb. 9:22; Rom. 6:23; Isa. 53:5-6).
- ✓ El Mediador sacerdotal (1 Tim. 2:5; Lev. 4:35; Heb. 7:25).
- ✓ El juicio final (Lev. 16:16-20, 30-33; 2 Cor. 5:19).

El Día de la Expiación

"El ritual del Día de la Expiación que incluía al chivo emisario, apuntaba más allá del Calvario, al fin definitivo del problema del pecado, la eliminación del pecado y de Satanás". *Creencias... pág. 355.*

El Santuario celestial en la profecía

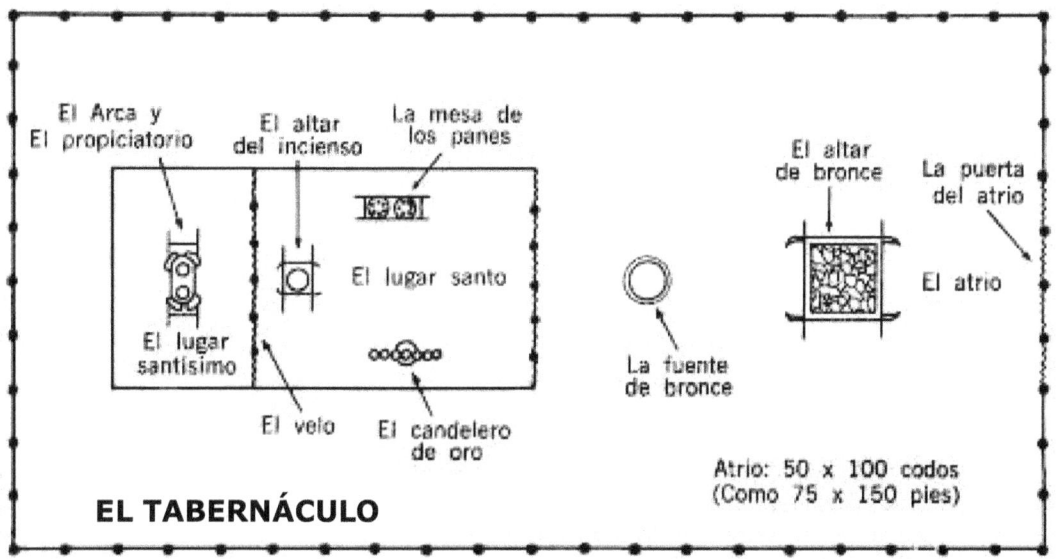

3. ¿Qué implicaba la purificación del santuario? (Heb. 9:22, 23). _____
_____

4. ¿Qué dos cosas hacía el sumo sacerdote en el Día de la Expiación y cuál era el llamado para el pueblo? (Lev. 23:27; Lev. 16:30). _____
_____

5. ¿A quién representaba Azazel en el ritual del Día de la Expiación y cuál era su papel? (Lev.16: 5, 8-10, 20-22). _____
_____

> "La obra de Cristo como Sumo Sacerdote se acerca a su fin. Los años del tiempo de gracia para los seres humanos pasan con rapidez. Nadie sabe exactamente cuando la voz de Dios proclamara: "Consumado es". "Mirad —advirtió el Señor—, velad y orad, porque no sabéis cuando será el tiempo" (Mar. 13:33)". *Creencias… pág. 364-365.*

Significado en el contexto de la gran controversia

6. En el juicio y la salvación, ¿qué papel desempeña Jesús en nuestro favor? (Rom. 8:34; 1 Jn. 2:1; Heb. 4:14-16). _____
_____
_____

Para meditar y aplicar

- ¿Sientes que Jesús ha perdonado todos tus pecados?
- ¿Puedes explicar a un amigo(a) el proceso del día de la expiación?
- ¿Por qué Jesús es nuestro abogado y nuestro juez?

La segunda venida de Cristo

La segunda venida de Cristo es la bienaventurada esperanza de la iglesia, la gran culminación del evangelio. La venida del Salvador será literal, personal, visible y de alcance mundial. Cuando el Señor regrese, los justos muertos resucitarán y, junto con los justos que estén vivos, serán glorificados y llevados al cielo, pero los impíos morirán. El hecho de que la mayor parte de las profecías esté alcanzando su pleno cumplimiento, unido a las actuales condiciones del mundo, nos indica que la venida de Cristo es inminente. El momento cuando ocurrirá este acontecimiento no ha sido revelado, y por lo tanto se nos exhorta a estar preparados en todo tiempo". *(Creencias de los Adventistas del Séptimo Día, pág. 372).*

> **Textos claves**: (Tito 2:13; Heb. 9:28; Jn. 14:1-3; Hech. 1:9-11; Mat. 24:14; Apoc. 1:7; Mat. 24:43, 44; 1 Tes. 4:13-18:1 Cor. 15:51-54; 2 Tes. 1:7-10; 2:8; Apoc. 14:14-20; 19:11-21; Mat. 24; Mar. 13;Luc. 21;2Tim. 3:1-5:1 Tes. 5:1-6).

La certeza del retorno de Jesús

1. ¿Qué pensaban los apóstoles y la iglesia primitiva del regreso de Cristo? (Tito 2:13; Heb. 9:28; 2 Pedro 3:13). _____
_____
_____

2. ¿Qué promesa hay en relación a Jesús? (Jn. 14:3; Sal. 50:3-5).
_____
_____

3. ¿Qué importancia tiene el primer advenimiento de Jesús para la segunda venida? (Col. 2:15; Heb. 9:26,28). _____
_____

4. ¿Por qué el ministerio celestial de Cristo es el centro del plan de salvación? (Apoc. 1:12-13; 3:12; 4:1-5; 5:8; 7:15; 8:3; 11:1,19; 14:15,17; 15:5-6, 8; 16:1,17). _____

_____

La manera en que Cristo volverá

5. ¿Cómo será la venida de Jesús?
   - ✓ (Hech. 1:11). _____
   - ✓ (Mat. 24:27,30; Apoc. 1:7). _____
   - ✓ (1 Tes. 4:16; Mat. 24:31). _____
   - ✓ (Mat. 16:27; Apoc. 19:11-16). _____
   - ✓ (1 Tes. 5:2-6). _____
   - ✓ (Dan. 2:32-35,44; Apoc 11:15). _____

El segundo advenimiento y la raza humana

> "La segunda venida de Cristo afectara a las dos grandes divisiones de la humanidad: los que lo han aceptado junto con la salvación que trae, y los que se han apartado de él". *Creencias... pág. 378.*

6. ¿Cómo será la reunión de los elegidos? (Mat. 24:31; 25:32-34; Mar.13:27). _____

_____

7. ¿Qué pasará con los muertos en Cristo? (1 Cor. 15:52,53; 1 Tes. 4:16). _____

_____

8. ¿Qué pasará con los creyentes vivos? (1 Cor. 15:53; 1 Tes. 4:17; Heb. 11:39, 40)._____

_____

_____

9. ¿Qué será la segunda venida para los incrédulos? 2 Tes. 2:9-12; Rom. 1:28-32; Apoc. 6:16,17; 19:20,21; 2 Tes. 2:8). _____
_____
_____

Las señales del cercano regreso de Cristo

10. ¿Cuáles son las Señales en el mundo natural? (Luc. 21:25; Apoc. 6:12-13; Mat. 24:21-22, 29). _____
_____

> "El terremoto mayor que se conozca" ocurrió en Lisboa el 1° de noviembre de 1755… El 19 de mayo de 1780, ocurrió el oscurecimiento del sol… La gran lluvia de meteoros ocurrió el 13 de noviembre de 1833. *Creencias… págs. 380-381.*

11. ¿Cuáles son las señales en el mundo religioso? (Apoc. 14:6, 7; Dan. 12:4; Mat. 24:14; 2 Tim. 3:1-5; Mat. 24:12; Apoc. 13:3,15-17; 16:13-14). _____
_____

12. ¿Cuáles son las señales del aumento de la maldad? (Mat. 24:38; Luc. 21:10,11; 1 Cor.5:1, 6:9).

Estemos listos en todo tiempo

13. ¿Cuándo vendrá Jesús? (Mat. 24:36,44; 25:6, 11-12). _____
_____
_____

Para meditar y aplicar

- ¿Qué tanto anhelas la segunda venida de Cristo?
- ¿Haz compartido con tus vecinos el mensaje de la segunda venida de Cristo?
- ¿Qué cosas necesitas sacar de tu vida para estar listo para el encuentro con Jesús?

La muerte y la resurrección

La paga del pecado es la muerte. Pero Dios, el único que es inmortal, otorgará vida eterna a sus redimidos. Hasta ese día, la muerte constituye un estado de inconsciencia para todos los que han fallecido. Cuando Cristo, que es nuestra vida, aparezca, los justos resucitados y los justos vivos serán glorificados, todos juntos serán arrebatados para salir al encuentro de su Señor. La segunda resurrección, la resurrección de los impíos, ocurrirá mil años después" *(Creencias de los Adventistas del Séptimo Día, pág. 389).*

Textos claves: (Rom. 6:23; 1 Tim. 6:15,16; Ecl. 9:5, 6; Sal. 146:3, 4; Jn. 11:11-14; Col. 3:4; 1 Cor. 15:51-54; 1 Tes. 4:13-17; Jn. 5:28,29; Apoc. 20:1-10).

La inmortalidad y la muerte

1. ¿Qué es la inmortalidad y cómo se relaciona este concepto respecto a Dios y los seres humanos? (1 Tim. 1:17; 1 Tim. 6:16; Sant. 4:14; Sal. 78:39; Job. 14:2). _____
_____
_____

2. ¿Qué dice la Biblia respecto a la inmortalidad condicional? (Gen. 2:16-17; 3:4 ,19; Rom. 5:12; 6:23). _____
_____
_____

3. ¿Qué esperanza tiene la humanidad ante la muerte? (Rom. 2:7; Rom. 6:23; 1 Jn 5:11; 1 Cor. 15:22; Jn 5:28,29). _____
_____

4. ¿Cuándo otorga Dios la inmortalidad a quienes aceptaron el evangelio? (1 Cor. 15:51-54)._____

_____

> "Recibimos el don de la vida eterna cuando aceptamos a Jesucristo como nuestro Salvador personal (1 Jn. 5:11-13), este don se implementará cuando Cristo regrese. Solo allí seremos cambiados de mortales a inmortales, de corruptibles a incorruptibles. *Creencias... pág.* 392.

La naturaleza de la muerte

5. ¿Qué dice la Biblia acerca de la condición de la persona durante la muerte? (1 Rey. 2:10; Job 14:10-12; Mat. 9:24; 27:52; Jn. 11:11-14; 1 Cor. 15:51, 52). _____

_____

6. ¿Qué dice la Biblia respecto a los muertos? (Ecl. 9:5-10; Sal. 115:7; 146:4; Jn 5:28,29; Gen. 3:19; Eze.18:20). _____

_____

7. ¿A qué lugar van los muertos? (Sal. 89:48; Gen. 37:35; Num. 16:30; Hech. 2:27, 31; Apoc. 20:13). _____

_____

8. ¿A dónde va el espíritu o soplo de vida? (Ecl. 3: 19-21; 12:7; Gen. 2:7)._____

_____

9. ¿Qué enseña la biblia al respecto del espiritismo y donde se originó? (Gen. 3:4; Eze. 18:20; Apoc. 12:4,9; Lev. 19:31; 20:27; Deut. 18:10,11; Isa. 8:19, 20). _____

_____

10. ¿Cómo se manifiesta el espiritismo? (Gen. 3:5; 1 Sam. 28:3-19; Apoc. 16:13, 14)._____
_____

> "Creer que los muertos están conscientes ha predispuesto a muchos cristianos a aceptar el espiritismo. Si los muertos están vivos y en la presencia de Dios, porque no pueden volver a la tierra como espíritus activos? Y si pueden, por qué no tratar de comunicarse con ellos y recibir su consejo e instrucción, para evitar el infortunio, o recibir consuelo en la tristeza? ". *Creencias... pág. 395.*

La resurrección

11. ¿Cuál es la importancia de la resurrección de Cristo? (1 Cor. 15:12-18; Jn 20:14-18; Luc. 24:39; Filip.3: 10,11). _____
_____

12. Explique en qué consisten las dos tipos de resurrección.
    - ✓ La resurrección de vida (Apoc. 20:6; Jn 5:29; 1 Cor. 15:22-23, 52,53; 1 Tes. 4:15-18). _____
    - ✓ La resurrección de condenación (Jn. 5:29; Apoc. 2:11; 20:14,15). _____

Para meditar y aplicar

> ➢ ¿Cómo le explicas a una persona que cree que los muertos van al cielo, que esto no es verdad?
> ➢ Si tuvieras que ir al descanso en esta misma hora ¿estás preparado para encontrarte con Jesús?

El milenio y el fin del pecado

El milenio es el reino de mil años de Cristo con sus santos en el cielo, que se extiende entre la primera y la segunda resurrección. Durante ese tiempo serán juzgados los impíos; la tierra estará completamente desolada, sin habitantes humanos con vida, pero sí ocupada por Satanás y sus ángeles. Al terminar ese período, Cristo y sus santos y la Santa Ciudad, descenderán del Cielo a la Tierra. Los impíos muertos resucitarán entonces y, junto con Satanás y sus ángeles, rodearán la ciudad; pero el fuego de Dios los consumirá y purificará la Tierra. De ese modo el universo será librado del pecado y de los pecadores para siempre". *(Creencias de los Adventistas del Séptimo Día, pág. 403).*

Textos claves: (Apoc. 20; 1 Cor. 6:2,3: Jer. 4:23-26; Apoc. 21:1-5; Mal. 4:1; Eze. 28:18,19).

Acontecimientos al comienzo del milenio

1. ¿Durante cual período, la influencia de Satanás sobre la tierra será restringida? (Apc. 20:1-4). _____

2. Estudia los acontecimientos que ocurrirán antes del milenio
   - ✓ Guerra y oposición a Cristo antes y durante su venida. (Apoc. 16:13; 19:19,20; Dan. 2:44).
   - ✓ Primera resurrección (Apoc 20).
   - ✓ Los justos ascienden al cielo (1 Tes. 4:17; Jn. 14:2,3).
   - ✓ Los enemigos de Cristo son ejecutados. (Mat. 24:37- 39; Luc. 17:28-30; Apoc. 19:21).
   - ✓ La tierra queda desolada (Jer. 4:23-25).
   - ✓ Satanás es atado (Lev. 16:21-22; Apoc. 20:2,3).

Acontecimientos durante el milenio

3. Estudia los acontecimientos que ocurrirán durante el milenio.

    ✓ Cristo mora con los redimidos en el cielo (Apoc. 15:3).

    ✓ Los santos reinan con Cristo (Apoc. 2:26; 20:4; Dan. 7:27;).

    ✓ Se juzga a los malvados (1 Cor. 6:2,3).

    ✓ Tiempo de reflexión para Satanás.

Acontecimientos al fin del milenio

4. Estudia los acontecimientos que ocurrirán al fin del milenio

    ✓ Descienden Cristo, los santos y la ciudad (Zac. 14:9).
    ✓ La resurrección de condenación (Jn 5:28-29; Apoc. 20:5-7).
    ✓ Termina la cautividad de Satanás (Apoc. 20:3,8).
    ✓ El ataque a la ciudad (Apoc. 20:8,9).
    ✓ El gran juicio del trono blanco (Luc. 13:28; Apoc. 20:12; Rom. 14:10; Fil. 2:10,11).
    ✓ Satanás y los pecadores serán destruidos (Apoc. 20:9,10,15). 2 Ped. 3:7; Isa. 34:8).

5. ¿Cuál es el destino de los malvados? (Rom. 6:23; Sal. 37:9, 34; Mal. 4:1; Mat. 13:30, 40; 2 Ped. 3:10). _____

En la biblia las expresiones "fuego eterno" y "atormentados por los siglos de los siglos" denotan la idea de Un Dios eterno que toma el control. "Cuando está asociado con Dios, su significado es absoluto porque Dios es inmortal; cuando está asociado con seres mortales, su significado es limitado... De modo que la Biblia hace bien claro que el *castigo,* no el acto de *castigar,* es eterno, es la segunda muerte. De este castigo no hay más resurrección; sus efectos son eternos". *Creencias... pág. 411, 412.*

6. ¿Cuándo ocurrirá la purificación de la tierra? (2 Ped. 3:10). Apoc 21-1-7; 22:3). _____
_____

COMIENZO Y FIN DEL MILENIO

ÚLTIMOS DÍAS	MIL AÑOS	ETERNIDAD
	Primera resurrección	
Cristo Vuelve	Los santos reinan con Cristo (en el cielo)	Descienden Cristo, los santos y la ciudad.
Santos llevados al cielo (los muertos resucitados, y los vivos)	Revisan sentencias	Resucitan los malvados. Satanás es desatado (organiza ataque contra la santa ciudad)
Los impíos vivos son muertos (los impíos injustos permanecen en la tumba)		Fase ejecutiva del Juicio
Satanás atado (Confinado a este mundo)		Satanás es destruido, junto con los pecadores y los efectos del pecado
Tierra desolada (Últimas plagas, terremoto; impacto de la segunda venida)		La tierra es renovada. Es el hogar eterno de los santos)

Para meditar y aplicar

> ¿Qué preparación estás haciendo para pasar el resto de tu vida en la eternidad con Jesús?
> ¿Cómo te imaginas tu estadía en el cielo durante el milenio?
> ¿Cuál es la promesa que más anhelas?

La Tierra Nueva

En la Tierra Nueva, en que habita la justicia, Dios proporcionará un hogar eterno para los redimidos y un ambiente perfecto para la vida, el amor, el gozo y el aprendizaje eternos en su presencia. Porque allí Dios mismo morará con su pueblo, y el sufrimiento y la muerte terminarán para siempre. El gran conflicto habrá terminado y el pecado no existirá más. Todas las cosas, animadas e inanimadas, declararán que Dios es amor; y él reinará para siempre jamás. Amén" *(Creencias de los Adventistas del Séptimo Día, pág. 415).*

> **Textos claves**: (2 Ped. 3:13; Isa. 35; 65:17-25; Mat. 5:5; Apoc. 21:1-7; 22:1-5; 11:5).

La naturaleza de la Tierra Nueva

1. Describe por qué la tierra nueva es una realidad tangible (2 Pedro 3). _____
_____
_____

2. Describe por qué la tierra nueva tiene una continuidad y una diferencia renovada (Apoc. 21:1). _____
_____
_____

> "Dios creará un mundo perfecto para la humanidad: pero esta vez se trata de una re-creación, una restauración de la tierra para borrar de ella los desastres que el pecado trajo". *Creencias... pág. 415.*

La Nueva Jerusalén

3. ¿Cómo se describe la nueva Jerusalén? (Apoc. 21; 22:5). _____
_____
_____
_____

Nuestro hogar eterno

4. ¿Qué descripciones tenemos de ese hogar eterno? (Mat. 5:5; Sal. 37:9,29; 115:16; Jn 14:1-3; Apoc. 21:2,3,5; Isa. 65:21). _____
_____
_____

La vida en la Tierra Nueva

5. ¿Cómo será la vida en la Tierra Nueva?
- ✓ Reinaremos con Dios y con Cristo (Apoc. 22:3-5).
- ✓ Actividades físicas que tendremos (Isa. 65:21; Gen. 1:28-31).
- ✓ La vida social en la tierra nueva (Mat. 22:29,30; Sal. 16:11; 84:11; 1 Jn. 4:8).

Vida intelectual en la Tierra Nueva

6. ¿Cómo será la restauración mental que habrá en la tierra nueva? (Apoc. 22:2; Isa. 33:24, 20). _____
_____

7. ¿Qué actividades espirituales tendremos en la tierra nueva? (Apoc. 22:3). _____
_____

No habrá más...

8. Puntualiza qué cosas no existirán en la tierra nueva. (Apoc. 21:4, 8; 22:15; Isa. 65:16-17; Nah. 1:9). _____

_____

El valor de creer en una nueva creación

9. ¿Qué hace posible que estemos en la tierra nueva? (Heb. 12:2). (2 Cor. 4:16,17). (Mat. 5:12). (Heb. 11:26). (Apoc. 3:20). _____

_____
_____

Nueva para siempre

10. Describa las buenas noticias relacionadas con la tierra nueva Apoc. 5:13; 11:15; Dan. 2:44; 7:27) _____

_____

> "El verdadero propósito de Dios en dar a conocer lo que ha preparado para los que le aman, es sacar a las personas de su preocupación por este mundo, ayudarlas a discernir el valor del mundo futuro y darles una vislumbre de las cosas hermosas que ha preparado el corazón de amor del Padre". *Creencias... pág. 424.*

Para meditar y aplicar

- ¿Cómo te imaginas la tierra nueva?
- ¿Qué actitud personal asumes con la promesa de una tierra nueva?
- ¿De qué maneras puedes comenzar con los miembros de tu iglesia a vivir la experiencia de estar en la tierra nueva?

www.ingramcontent.com/pod-product-compliance
Lightning Source LLC
Chambersburg PA
CBHW080900010526
44118CB00015B/2210